O QUINTO PODER

CONSCIÊNCIA SOCIAL DE UMA NAÇÃO

Lilian Dreyer

Maria Elena Pereira Johannpeter

L&PM EDITORES

Dados Internacionais de Catalogação na Publicação (CIP)

D778q Dreyer, Lilian
O quinto poder: consciência de uma nação/
Lílian Dreyer, Maria Elena Pereira Johannpeter,
Porto Alegre: L&PM, 2008.
324 p. ; 21 cm.

ISBN 978-85-254-1759-6

1.Organizações Sociais-ONGS-Bem-estar Social-
Parceiros Voluntários-Entrevistas 2.Johannpeter, Maria
Elena I.Título.

CDU 364.6:334.755(047.53)

FICHA TÉCNICA

Conceito Original: Maria Elena Pereira Johannpeter

Projeto Cultural: Gisele Cristina Longhi

Apoio e Pesquisa: Equipe da ONG Parceiros Voluntários

Entrevistas: Lilian Dreyer

Transcrição de Gravações: Adelaine Costa - Vidicom Edições

Capa e Projeto Gráfico: Adel Fabian Nirvan Giacomini

Ilustrações internas:
Parte 1: a partir de Banco de Registros da Parceiros Voluntários
Parte 2: a partir de foto cedida por Simonela Giacomini

Diagramação: Renato Nunes

Revisão: Flávio Dotti Cesa

Ficha Catalográfica: Izabel A. Merlo, CRB 10/329

Impressão:
Gráfica Pallotti de Santa Maria

Produção e coordenação:
Lilian Dreyer e Maria Elena Pereira Johannpeter

Agradecemos aos autores de artigos, aos que concederam entrevistas e aos que colaboraram com idéias e sugestões para a formatação desta obra.

Este livro é também uma homenagem a todos os brasileiros que têm atitude voluntária. Em especial, aos mantenedores, apoiadores, patrocinadores, parceiros e voluntários da ONG Parceiros Voluntários.

SUMÁRIO

Todos os artigos foram especialmente produzidos para este livro.

Artigos identificados como depoimentos foram elaborados a partir de entrevistas, realizadas entre março e novembro de 2007. Opiniões e conceitos expressos nos artigos são de responsabilidade dos emitentes.

Apresentação

Como se descreve um vale? Diferentes artistas e pensadores usaram esta metáfora para transmitir a noção de que os melhores retratos se obtém quando se anda em torno do tema, ao invés de encastelar-se em um único ponto de vista. Explorar ângulos, topografias e lateralidades, eventualmente envolvendo-se em vez de apenas observar, não assegura retratos definitivos – o que em geral não é possível e nem mesmo desejável – mas permite captar referências, orientações e, às vezes, uma essência, uma alma.

Como se forma uma cultura de solidariedade? Que papel joga a solidariedade na formação da cultura de uma sociedade? Com que conseqüências? Existe diferença entre "ser solidário" e "engajar-se como voluntário"? Como se forma uma cultura de ação voluntária, isto é, uma cultura de envolvimento direto com melhoria social? São hoje temas prioritários, porque as últimas décadas colocaram à humanidade o desafio de compreender um cenário inédito. Aí se desenrolam os velhos dramas e conflitos de sempre, mas estes poderão caminhar para um epílogo definitivo e não desejado, caso não se estabeleça uma compreensão coletiva dos elementos novos: o desgaste ambiental, já em níveis de alerta vermelho; o aprofundamento das desigualdades sociais; o desenvolvimento acelerado da técnica, que tem a um só tempo sinal negativo e positivo; e, pesando sobre todas as coisas, um número de habitantes humanos nunca antes visto no Planeta. São desafios para todas as nações, mas talvez especialmente agudos para nações como o Brasil, onde se conseguiu enfim consolidar uma democracia, mas ainda não um projeto coletivo de sociedade.

Criada em 1997, a Parceiros Voluntários apresentou-se à sociedade gaúcha com a proposta de recolocar nas mãos dos cidadãos o poder de melhorar a realidade social, por meio do voluntariado. Propôs-se a dar uma organicidade ao trabalho voluntário, unindo o desejo de muitos à necessidade de muitos mais e, importante, conferindo à ação um arcabouço de ferramentas operacionais, ferramentas de gestão. Recebeu resposta massiva da população, transformando-se rapidamente em referência e também em ponto de confluência para empresas, profissionais e acadêmicos de diferentes áreas. Este quadro, que em apenas uma década tornou-se tão chamativo, fez brotar a idéia de se reunir em livro um mosaico com diferentes olhares sobre o papel e o impacto da ação social voluntária.

Na realidade, o que é este fenômeno, a ação social voluntária?

E o que este fenômeno produz, na sociedade e nos indivíduos?

Para quem ele produz valor – e ele de fato produz?

Como o Terceiro Setor – as organizações sem fins lucrativos, que estão ancoradas no voluntariado – se expressa hoje em relação ao conjunto das instituições sociais?

O que representa para a comunidade o envolvimento voluntário de pessoas, empresas, escolas, sob o aspecto cultural, sociológico, econômico, político e comportamental?

Diferentes disciplinas terão diferentes respostas – e questionamentos – a esse respeito. Ao debruçar-se sobre sua própria existência e experiência, a ONG Parceiros Voluntários deduz que lhe cabe incentivar a reflexão, nutrindo com ela a consciência pública. Não como registro de história passada, e sim como prospecção para visões futuras.

À medida que progridem os sistemas democráticos, a sociedade civil organizada alça-se à condição de um Quinto Poder, que é influenciado por e influencia os outros quatro poderes tradicionais: Executivo, Legislativo, Judiciário e Imprensa. Entretanto, a literatura que hoje se produz ainda nem de longe espelha a magnitude desta evolução.

Este livro propõe-se a reunir visões pertinentes (isto é, qualificadas), ainda que individuais. Não se pretendeu fechar qualquer aspecto, ao contrário. Pretendeu-se abrir um campo, de onde brote inspiração coletiva para novos estudos. Tampouco se buscou formatar um trabalho acadêmico, mas trazer contribuições ao debate e estimular a criatividade. Tanto quanto possível, semear inquietação. Mais ambiciosamente, agitar a fina mas dura superfície da inércia.

O Ministério da Cultura, a quem o projeto foi encaminhado, para merecer o apoio da Lei Rouanet de Incentivo à Cultura, mostrou-se sensível a esta demanda, o que garantiu o indispensável aporte de recursos para materializar a obra.

Uma obra que se desenvolveu como um ser orgânico: havia uma semente, mas a configuração final resultou da interação de um conjunto de fatores ambientais e do cuidado com que a semente foi cultivada. Para alegria da equipe que por mais de ano dedicou-se a cultivá-la, verificou-se que a obra captou uma conversação. O leitor notará que os textos dialogam entre si. Divergindo ou convergindo, indagam-se e respondem-se reciprocamente.

Se tivéssemos de usar uma única palavra para descrever o resultado final, continuaríamos no plano das metáforas e diríamos que esta primeira circulação em torno do tema *ação voluntária qualificada* produziu não uma descrição, mas uma flor.

Tanto melhor: que sirva esta flor para homenagear os atos extraordinários de uma legião de pessoas comuns (aparentemente comuns). Estas que, de forma quase sempre anônima, se engajam voluntariamente pelo bem-estar coletivo. Estas que, tomando emprestadas palavras da arte inspiradora de Gilberto Gil, podem estar *mudando como um deus o curso da História*.

Lilian Dreyer
Jornalista, Escritora.

PREFÁCIO

O título provocador e ousado desta obra patrocinada pela ONG Parceiros Voluntários, organização que honra o que de melhor tem a sociedade civil brasileira contemporânea, inaugura um debate de forte densidade teórica e prática. Que papel e que destino estão reservados para a sociedade civil brasileira, nesta hora em que pretendemos estar entrando na sociedade do consumo de massa? A sociedade do consumo de massa será capaz de suportar o peso histórico da organização política do Brasil como uma democracia de massa? A narrativa da formação do conceito de sociedade civil e o problema correlativo da igualdade política podem ajudar a dar foco a esta discussão sumamente importante.

A modernidade européia pós-renascimental, que universalizou o trabalho emancipado, a propriedade privada e os direitos humanos, desencadeou, ao mesmo tempo, novas formas de desigualdade social e política, que vieram a se manifestar no processo de estruturação e diferenciação internas da sociedade humana e que resultaram na cisão entre igualdade formal e igualdade quantitativa, entendidas como a soma dos direitos de cada um constituindo o direito de todos. Estas oposições e interrogações, tipicamente modernas, acabaram por confluir na idéia de sociedade civil.

A idéia de *societas civilis* como comunidade dos cidadãos originou-se a partir do conceito aristotélico de *comunidade política*, tendo conservado este significado, grosso modo, até a *Rechtslehre* de Kant e o *Naturrecht* de Fichte. Com a emergência da sociedade industrial, nos meados do século XVIII, ela começa a perder o significado clássico de comunidade dos cidadãos. Os estudos de economia política, levados a cabo por Steuart e A. Smith, revelaram progressivamente a originalidade da esfera do trabalho livre e da satisfação das necessidades, em que impera o arbítrio do indivíduo. Gradualmente, o conceito de *societas civilis* passou a designar a nova realidade do corpo social, cujo tecido é urdido pelas relações de trabalho e produção – e pelo conflito dos interesses. O papel preponderante atribuído a *libertas arbitrii* fez com que, na esfera da liberdade, o universal se tornasse tão-somente um domínio formal de possibilidades em que os conflitos da sociedade civil se configuram e se desdobram.

Na construção da idéia de Direito, Hegel denominou *sociedade civil* a esfera mediadora entre o *Estado* e a *família*. O advento da sociedade civil como lugar histórico da realização do direito e da liberdade de arbítrio, isto é, da realização concreta da pessoa como sujeito de direitos iguais e da subjetividade enquanto consciência moral autônoma, tem origem na cisão entre *ethos* e *nomos*, que caracteriza a ética e a política modernas. Esta cisão rompe o laço que unia ética e política no pensamento clássico greco-cristão, e se exprime nas diversas formas de positivismo jurídico. Como forma dilacerante da *Tragödie im sittlichen* de que fala Hegel, esta cisão faz com que a política pese sobre o homem moderno como um destino trágico. Em outras palavras, a *tragédia no ético* surge da oposição entre a satisfação das necessidades *(libertas arbitrii)* e a totalidade ética, oposição que começa a ser superada, precisamente, com a universalização do trabalho emancipado, mas que, por sua vez, institui nova forma de oposição, especificamente, entre o homem privado *(bourgeois)* e o cidadão.

A racionalidade imanente ao sistema da satisfação das necessidades, que começa por igualar os homens como seres de carência em face da natureza, passa a ser momento essencial no sistema da própria racionalidade política. No mundo moderno, a igualdade instituída que é a igualdade política deve assumir na sua esfera a relação do homem com a natureza, na forma de trabalho para a satisfação das necessidades. Vale dizer que, sem constituir a essência da igualdade política, uma solução razoável ao problema da satisfação das necessidades passa a ser o seu pressuposto e condição: o Estado de direito repousa sobre o "Estado de necessidade". A adequada relação do grupo humano com a natureza como fonte de recursos (trabalho) passa a condicionar decisivamente a efetiva relação dos indivíduos entre si como sujeitos do direito (reconhecimento).

O Econômico, ao tornar-se uma dimensão do Político, adquire uma especificidade própria. Introduz, então, na esfera da igualdade política, essa igualdade abstrata que caracteriza os indivíduos em face da natureza como seres de carência e de necessidade. Igualdade econômica e igualdade política passam a intercambiar-se, conceitos que são essencialmente diferentes e que irão fundir-se numa ainda confusa e ambígua igualdade social, sobre a qual se busca construir a idéia moderna de democracia.

Igualdade social e democracia travejam o conceito de sociedade civil na nossa contemporaneidade. O mérito das ações encetadas por ONGs como a Parceiros Voluntários, nesses últimos anos, está em nos apontar o compromisso comunitário como uma causa nobre, por onde passa o reencontro da nação e da sociedade com o Estado brasileiro.

Pe. Marcelo Fernandes de Aquino, S.J.
Reitor da Unisinos
Universidade do Vale do Rio dos Sinos
Porto Alegre/RS - Brasil

PRIMEIRA PARTE

PARCEIROS VOLUNTÁRIOS EM QUATRO TEMPOS

UM DIA QUASE NORMAL

A cidade está inquieta desde cedo. O mês de março avança rumo ao outono, mas os termômetros na rua registram temperatura superior a 30 graus. O calor envolvente não permite que se esqueça o tema das mudanças climáticas, estampado nos jornais do dia. As manchetes, entretanto, destacam a presença do presidente dos Estados Unidos no Brasil. A passagem de Bush emperra avenidas centrais em São Paulo, cidade traumatizada pela violência onipresente do crime organizado. Em Porto Alegre o trânsito flui lento pelo túnel de acesso ao centro, fala-se em uma manifestação de protesto nas linhas do trem metropolitano.

Algumas pessoas chegam atrasadas à reunião que acontece no quinto andar do Palácio do Comércio, prédio antigo projetado por um arquiteto alemão. Mas logo o círculo se completa, onze mulheres, um homem. Apresentam-se: são donas-de-casa, estudantes, um aposentado, uma funcionária pública, uma jornalista, uma advogada, uma técnica em enfermagem, uma desempregada e uma auditora do Estado. Daniela, a jovem simpática que conduz a reunião, informa que aquele grupo está prestes a integrar-se a uma massa de quase 250 mil pessoas. Pessoas cuja idade pode ser 14 ou mais de 90 anos, mas que têm como denominador comum uma certa inquietude interior e um desejo de aproximar-se... de quê, de quem, por quê?

"Bem, isto aqui é como uma agência de casamentos", resume Daniela, "promovemos o encontro entre quem quer ajudar e quem precisa de apoio". Ela explica que as Reuniões de Conscientização são necessárias porque ajudam as pessoas a entender o que é ser voluntário e as responsabilidades inerentes ao ato de voluntariar. E então convida o grupo a prestar atenção à tela de TV, que oferece uma explicação mais formal:

A Parceiros Voluntários – PV – é uma organização não-governamental, sem fins lucrativos e apartidária, especializada em estimular, captar, qualificar e encaminhar voluntários-cidadãos à comunidade gaúcha.

Se algum dos presentes tem em mente modelos antigos de benemerência ou assistencialismo, é de imediato convidado a repensar sua posição. Ilone, experiente orientadora de voluntários da PV, adverte que as palavras têm força, quando empregadas com seu significado real tornam-se orientadoras, indicam caminhos e atitudes. Ela passa a listar então um "novo vocabulário". A própria palavra assistencialismo, por exemplo, no entender da Parceiros Voluntários, precisa ceder lugar ao conceito de exercício de cidadania. O voluntarismo deve encaminhar-se como voluntariado organizado. Sai de cena o ajudar, entra em ação o participar. E a disposição básica de um voluntário não será a de doar-se, mas sim a de disponibilizar-se.

Meros preciosismos de linguagem, sem conseqüências práticas? No decorrer daquele encontro, igual a todos os encontros semanais organizados para receber as pessoas que buscam um modo de colaborar com a comunidade, descobre-se que a Parceiros Voluntários está focada em conseqüências, e de ordem bem prática. Ninguém ali será designado para atuar em tal ou qual ação comunitária, cada um dos interessados é que irá verificar, consultando o Banco de Dados ou uma lista de organizações da sociedade civil, afixada ao lado de um mapa indicativo de sua localização geográfica, onde poderia encaixar-se. Aí começa um novo processo de busca e reflexão pessoal, com acompanhamento posterior de pessoas capacitadas para prestar auxílio. Todos serão reiteradamente lembrados de que, ao ingressar no processo de participação, precisam estar conscientes de certos requisitos. Assim, o tempo que cada voluntário pode ou deseja disponibilizar pode variar, mas o comprometimento e a responsabilidade precisam ser uma constante.

Daniela – coordenadora-voluntária nesta reunião – exemplifica com a história de um voluntário que dispõe de horário livre apenas ao meio-dia e que atua em uma creche no centro da cidade. Uma creche para crianças que vivem em situação social muito precária. Tudo o que este homem faz é organizar o acesso das crianças à mesa do almoço, ajudando-as a lavar as mãos, servir seus pratos e observar normas de convivência. Depois senta-se e almoça com elas. Só isso. Pode parecer pouco para quem não está familiarizado com certas realidades, mas no cotidiano daquelas crianças este homem "talvez seja uma das raras pessoas que trazem para elas uma imagem positiva do sexo masculino". Esta é a razão, enfatiza logo Ilone, por que é tão importante que o voluntário avise se eventualmente não puder comparecer na organização onde atua. É preciso estar atento ao fato de que se está lidando com pessoas já bem fragilizadas emocionalmente, tudo o que elas *não* precisam é de voluntarismo inconseqüente e de assistencialismo descomprometido. O voluntário tem de estar consciente também de que precisará adequar-se aos regulamentos e ao público interno das organizações onde irá atuar.

Alguns dos presentes saem um tanto frustrados. O contato inicial os deixou desorientados, ou não vislumbraram nenhuma oportunidade para encaixar sua disposição e suas habilidades específicas. Tudo bem, a primeira Reunião de Conscientização é assim mesmo. A idéia é afinar percepções e esclarecer normas orientadoras, para que ninguém perca seu tempo ou abrace equívocos. Mas é possível que ao menos levem desse encontro normal, num dia normal, uma nova perspectiva. Algo como a reflexão do sociólogo colombiano Bernardo Toro, que esteve em Porto Alegre a convite da Parceiros, livremente citado pela voluntária Daniela: "Toda a ordem social é criada por nós. O agir ou não agir de cada um é que consolida ou transforma esta ordem social".

POR OUTRO LADO

O mês de março está no fim, mas ainda nem sinal da brisa amena do outono. Mesmo navegando sobre o Guaíba – que o povo insiste em chamar de rio Guaíba, embora estudos tenham comprovado que, tecnicamente, aquelas águas imensas, se correm como um rio, caracterizam mesmo um lago –, a sensação térmica pouco difere da que se registra no centro de Porto Alegre.

Excitados como crianças, um grupo de adultos move-se de um lado a outro do barco que acabou de deixar um píer privativo, no cais central, rumo a uma ilha próxima. A maioria se espanta por verificar como a cidade se mostra diferente vista desta perspectiva inabitual. Muito mais bela, comentam alguns, sem imaginar que, de certa forma, é isso que farão pelo resto da tarde: debruçar-se sobre uma realidade que conhecem, mas mirando-a por outros ângulos.

A ilha abriga um tradicional clube náutico, o União, que disponibilizou seu espaço para uma reunião também já tradicional, embora itinerante, da Parceiros Voluntários. A cada mês, pessoas que voluntariam por meio da PV têm a oportunidade de, por livre adesão, participar do *Partilhando Vivências*. Nesta tarde, uma das propostas é reunir sugestões de temas a serem partilhados durante o ano, saber o que os voluntários querem dos próximos encontros.

Espalhadas em pequenos grupos, sob as árvores, em torno de um quiosque onde mais tarde desfrutarão de um lanche para o qual cada um trouxe sua contribuição, as pessoas não se fazem de rogadas na hora de contar aos outros sobre as ações que realizam e as instituições onde o fazem. Se não fosse pela mediação da equipe da Parceiros, talvez se pusessem a falar todos ao mesmo tempo, tantos são os relatos que desejam fazer e as questões que lhes ocupam a mente. Eugênio, profissional aposentado, conta que trabalha no atendimento a mendigos de rua em um instituto espírita e que, sensibilizado pelos problemas deles, acabou optando por estudar Psicologia. Gisela atua numa associação de apoio a crianças pobres com necessidades especiais, onde se prestam serviços de reabilitação física, e conta que ultimamente a entidade se defronta com um desafio novo: vítimas de balas perdidas. Ricardo diz que conhecia a pobreza "de passar voando por ela a cem por hora" e que talvez não estivesse preparado para o que encontrou na favela onde pretendia desenvolver um trabalho – quando conheceu o local, desistiu. Alguns falam de conflitos que aparecem nas entidades onde voluntariam, não é incomum que funcionários contratados temam ser substituídos pelo voluntário ou tentem transferir a este o trabalho que lhes compete. E todos constatam que entre os obstáculos mais difíceis a serem enfrentados estão os preconceitos, preconceitos de todo tipo, ainda muito vivos na sociedade envolvente.

Elizete teve de afastar-se, por motivos pessoais, da atividade voluntária que fazia, em uma creche da Vila Tronco, mas prepara-se para voltar. Acha que as crianças precisam ser compreendidas, e que ela pode levar-lhes carinho e abrir-lhes perspectivas. Uma vez perguntou a um menino o que pretendia ser quando crescesse, ao que ele respondeu:

– Assaltante de banco.

– Mas por que assaltante? – quis ela saber.

– Ah, meu pai é... E é só o que negro pode ser.

Elizete dedicou-se então a repetir ao menino que não, que qualquer pessoa tem o direito de aspirar a qualquer profissão e de se empenhar por conquistá-la, exemplificando que o marido dela, que é negro também, trabalha como engenheiro.

Quando os voluntários tornam a reunir-se no grande grupo, aparecem as confluências de visões, que a equipe da Parceiros se dedica a registrar. Todos têm indagações sobre temas que vão se colocando à medida que seu voluntariado evolui, como metodologia de trabalho e os limites do papel do voluntário na organização. A coordenadora Ilone Rivas de Alvez oferece respostas diretas sobre pontos específicos. Lembra que o voluntário representa um apoio para as organizações e que conflitos devem ser resolvidos na própria entidade, com ajuda do Coordenador de Voluntários, o qual é funcionário da instituição e também foi capacitado pela Parceiros para essa função. Alerta que o voluntário que não se sentir adaptado pode retornar à Parceiros, para ser reencaminhado. Estimula todos a buscarem seu próprio aperfeiçoamento, para poderem exercer melhor a ação a que se propuseram. Desafia-os a refletirem sobre uma dúvida lançada por um voluntário em um encontro anterior: nasce-se solidário ou aprende-se a ser solidário? Explica que as práticas da Parceiros estão em constante revisão, uma vez que se trata de uma organização dinâmica e aprendente. Assim, o processo de recepção aos voluntários recebeu inovações, implicando nova capacitação interna. Agora os voluntários visitarão a entidade onde escolheram atuar, antes de tomarem a decisão de começar de fato, para que possam certificar-se sobre sua opção, avaliar se é isso mesmo o que querem fazer.

Quando o encontro chega ao final, os voluntários retornam ao item "temas a serem desenvolvidos ao longo do ano no *Partilhando Vivências*". Produziram uma lista alentada: violência na infância e na adolescência, psiquiatria aplicada à terceira idade, motivação, ambientalismo, reciclagem de lixo, medicina ortomolecular, ervas medicinais... A equipe da Parceiros estimula o grupo a trabalhar em rede, a buscar no Banco de Dados da PV e entre eles mesmos sugestões de especialistas e entidades que possam palestrar sobre os temas propostos.

Todos se interessam por obter *feedbacks* mais consistentes, sobre se suas ações estão sendo efetivas. Gostariam de ouvir relatos de pessoas e instituições que foram apoiadas.

– Queríamos que alguém nos dissesse isso – verbaliza um dos presentes. – Nossa ação faz mesmo alguma diferença?

Ilone garante que buscarão pessoas que queiram dar depoimentos a respeito. Em seguida faz um relato que de certo modo antecipa uma resposta e, ao mesmo tempo, reforça um caminho. Ela conta que seis meninos em situação de vulnerabilidade, assistidos por uma organização conveniada, o Cedel, se apresentaram para voluntariar. Queriam estender a outros o benefício que haviam recebido. Faz-se um silêncio, e ela conclui:

– A idéia foi deles, eles é que quiseram ajudar a tecer a rede da ajuda mútua. É o que estamos buscando, é o que estamos obtendo – que aqueles que são hoje sujeitos da nossa ação se transformem amanhã em sujeitos de sua própria história.

MELHORES ENREDOS

Uma garota baleada em uma parada de ônibus. Um homicida refugiado na catedral. Tumulto na cidade de Viamão, que já foi capital do Estado, que já foi um bucólico reduto de chácaras e que hoje se ressente de uma urbanização caótica e de uma generalizada situação de insegurança. Um clima bem diferente daquele que se respira na Casa de Retiro da Divina Providência, administrado por freiras católicas, a poucos quilômetros do centro do tumulto. Mergulhada na natureza, um jardim na frente, uma horta nos fundos, a Casa, erguida em tempos bem mais tranqüilos, neste dia de abril recebe dezenas de pessoas, pessoas que não sabem sobre o drama imediato que se desenrola no centro de Viamão, mas que se reuniram porque lhes interessa pensar um mundo menos propenso a este tipo de drama.

A pauta do encontro, que se estenderá por dois dias, partiu de uma reunião semelhante, ocorrida em outra região, no ano anterior, onde se definiu que em 2007 seria importante desenvolver temas como liderança, comprometimento e co-responsabilidade – tanto como filosofia quanto em termos de aporte de ferramentas de planejamento e de gestão. Neste décimo quinto Encontro Estadual da Rede Parceiros Voluntários, os participantes terão a oportunidade de expor suas experiências, buscando no grupo idéias e soluções que lhes permitam aperfeiçoar seu desempenho em seus municípios de origem.

As Redes, para a Parceiros Voluntários, não são uma simples maneira substituta de designar uma associação. São um caminho estratégico, a objetivação de uma mudança de paradigma organizacional. A Parceiros Voluntários se afasta da visão mecanicista e hierarquizada e adota uma visão ecológica, no sentido de focar-se nas relações entre as partes, e não nas partes do sistema. Ela o faz por acreditar que o modelo de teia, tal como descrito por Fritjof Capra, é mais adequado e eficaz. Pensar em teia, ou em rede, permite à Parceiros manter-se ágil e aprendente, capaz de responder rapidamente às necessidades que se apresentam. Assim, não é incomum que uma Unidade da Rede venha a acrescentar ao seu planejamento ações não previstas, por ter havido uma mudança na necessidade prioritária da comunidade.

Manter este nível de atenção ao seu entorno representa um grande desafio para as Unidades, e os encontros estaduais representam um modo eficaz de objetivar este desafio. É onde melhor se evidenciam as similaridades de situações com que diferentes unidades se defrontam no cotidiano e, sobretudo, é onde se oferece a oportunidade de compartilhamento de soluções criativas. De acordo com o coordenador estadual da Rede, Paulo Afonso Belegante, na função há cinco anos, os coordenadores das unidades dependem fortemente de aprimoramento técnico, humano e conceitual para que se cumpra a contento sua missão: "permitir que diferentes programas e projetos de ação social possam ser criados ou replicados, de modo a responder a demandas das próprias comunidades".

Os coordenadores locais são, portanto, um elo vital no sistema que a Parceiros Voluntários elegeu para consubstanciar o lema pelo qual ela se identifica:

Você quer ajudar. A gente sabe como.

Para fortalecer ações em rede, a PV mantém-se fiel à estratégia de instituir unidades onde conta com o apoio de entidades locais reconhecidas e idôneas: associações de classe, sindicatos ou instituições com capacidade de mobilização e articulação, como escolas e universidades comunitárias. Esta estratégia fundamenta-se na percepção de que tais organizações contam com a participação de líderes e empreendedores cuja legitimidade e capacidade de atuação são reconhecidas em nível local, o que lhes permite estar à frente dos processos de decisão com o apoio de suas comunidades – e a experiência da PV tem demonstrado, assegura Paulo Belegante, que "as parcerias e alianças assim constituídas tornam-se tão mais estáveis e duradouras quanto mais comprometidos estiverem com a causa os líderes e dirigentes destas entidades. O sucesso de nossa ação está fortemente calcado no apoio e na confiança desses dirigentes e das instituições que se envolvem e acreditam na formação de um ser humano melhor".

O modelo de intermediação da PV é valorizado a ponto de gerar novas entidades, como aconteceu em Cachoeirinha, conforme relato da coordenadora no município. Havia interesse na comunidade em ter uma unidade, mas dificuldades em efetivar a requerida parceria com uma instituição local. A solução encontrada pelo grupo mobilizador foi constituir uma Oscip, a Associação dos Amigos Voluntários, que se apresentou como entidade parceira e, assim, viabilizou a criação da nova unidade.

"A Rede só acontece porque contamos com esta capilarização", enfatiza a gerente de Mobilização da PV, Cláudia Remião Franciosi. "Cada rede forma suas sub-redes, e é na união do conjunto que se fomenta o capital social. As redes são planas, não podem ser manipuladas de cima para baixo."

Em todo este contexto, a Parceiros atribui a si mesma apenas o papel de "animadora". Cabe às próprias cidades, aos "elos" da Rede, sinalizar o que querem dos encontros regionais e estaduais, e como querem. Do mesmo modo, compete a cada unidade adaptar à realidade local as estratégias e orientações oriundas dessas reuniões.

Se está longe das pretensões da PV "adonar-se" de uma causa, na comunidade o efeito que sua metodologia suscita costuma ser exatamente este, mas em um sentido positivo. A professora Lizelene Bedoni, da unidade de Bagé, conta que o projeto de hip-hop de uma escola estadual ficou durante seis meses sem coordenação, mas nem por isso parou: a meninada se autocoordenou e seguiu por conta própria. Aliás, ações de resgate social que usam a dança e a música costumam ter continuidade e bons resultados: várias unidades relatam que está ocorrendo um intercâmbio quase espontâneo entre municípios, com alunos de escolas compartilhando suas experiências uns com os outros.

Do lúdico ao real é, a propósito, um tema que consta na programação deste Encontro Estadual da Rede, que se encerra com uma celebração.

A julgar pelos depoimentos dos que participaram, a mescla de idealismo com profissionalismo, um mote que orienta as ações da Rede Parceiros Voluntários, bem pode ser um aporte decisivo nestes tempos em que a comunidade aspira por menos dramas e melhores enredos em sua história coletiva.

NOTÍCIAS DE TODAS AS TRIBOS

Nos Estados Unidos, autoridades retiram do mercado brinquedos contaminados com substâncias prejudiciais à saúde, fabricados na China, país campeão de crescimento econômico e de desastres ambientais. Os brinquedos são denunciados também no Brasil, onde no mesmo dia, neste final do mês de outubro, ganham manchetes ações da Polícia Federal contra empresas que vendem leite adulterado com soda cáustica e a decisão do Ministério da Justiça de construir presídios especiais para jovens. No estacionamento do Sesi de Cachoeirinha, no Rio Grande do Sul, alheias ao noticiário do rádio, sete crianças com menos de cinco anos de idade aguardam ordeiramente pelas instruções das professoras da Escola de Educação Infantil do município, que atende 180 crianças em vulnerabilidade social. Penteadas e arrumadas a capricho, as crianças mantêm uma atitude de solene expectativa, pois vieram preparadas para participar de um grande evento, um Fórum Interestadual de Tribos.

Embora a ação de voluntariado Tribos nas Trilhas da Cidadania, criada pela ONG Parceiros Voluntários, tenha como público-alvo predominante estudantes adolescentes, os pequeninos também integram uma Tribo. A atividade voluntária deles durante o ano de 2007, explica a professora Dalva Poleto, consistiu em um intercâmbio com as 140 crianças da Creche Comunitária Rondonzinho, e o objetivo foi vivenciar na prática como receber e ser bem recebido: por ocasião da Páscoa, eles prepararam uma recepção aos alunos do Rondonzinho, presenteando os visitantes com desenhos que eles mesmos fizeram, e no Dia da Criança foram retribuir a visita, da qual guardam as melhores lembranças, pois foram tratados com a mesma simpatia e civilidade.

Agora terão a oportunidade de integrar-se com Tribos da Região Metropolitana, Litoral e Vale do Sinos, de onde provêm os dois mil e duzentos estudantes atraídos pelo Fórum, que acontece uma vez por ano e têm sua organização liderada pelos próprios jovens. A afluência a esses encontros aumentou tanto que obrigou a uma subdivisão por regiões, mas, em todos os locais onde acontece, o evento é repleto de opções para compartilhar experiências, com oficinas, teatro, esportes e celebração.

Em Cachoeirinha, sob a lona principal e entre barracas armadas nos gramados, há um clima de festival de rock, reforçado pelo predomínio das camisetas negras com inscrições em branco e laranja que a Parceiros costumizou e distribui para as Tribos. Se a camiseta os identifica, a criatividade os distingue. Chapéus de palha, bonés enviesados, cabelos trançados ou moldados em formatos exóticos, piercings, barrigas de fora, tudo isso junto ou nada disso em absoluto, pois há até os que preferem apresentar-se de forma despojada. Em matéria de som, eles também preferem tudo, muito funk e som eletrônico, pagode, samba e rock brasileiro dos anos 80, e um grupo ao vivo com pandeiros e instrumentos de percussão atravessando todos os ritmos. Falam alto, riem, invadem as fotos uns dos outros. O encontro sugere descontração, porque o momento é de fazer amigos e de comemorar tudo de bom que o trabalho consciencioso das Tribos fez frutificar durante o ano.

Uma pequena parte desse trabalho pode ser observada na Mostra de Projetos, instalações e pôsteres exibidos em toda parte. Em papelão, juta e purpurina, em faixas, álbuns e desenhos, guris e gurias tribeiros exibem os projetos que escolheram e aos quais vêm se dedicando, com o apoio de seus professores. Os temas predominantes nesta edição do Fórum: paz, meio ambiente, cultura.

As propostas e os métodos impressionam. As Tribos das escolas Santa Cruz e São Mateus, de Canoas, por exemplo, auxiliam a comunidade cultivando uma horta, além de manterem uma oficina para reparar as classes e cadeiras das suas salas de aula. A Tribo da Escola Gonçalves Dias, de Portão, dá palestras e mostra na prática como se faz separação de lixo. A Tribo da Glória, de Sapucaia do Sul, mobiliza-se pelos direitos humanos, uma seqüência fotográfica mostra seus integrantes em uma passeata, cujo mote é: "Paz sem voz não é paz, é medo". E a Tribo Curupira, também de Sapucaia, produziu o primor que batizaram de *Adoçando Consciências*. "Constatamos o descaso dos vizinhos para com o entorno da nossa escola, que virou ponto de descarte de lixo", contam os curupiras em seu pôster, descrevendo a situação-problema sobre a qual resolveram atuar. Qual a solução proposta? Conscientizar os vizinhos, é claro. Como andar por essa trilha? Com uma estratégia feita e perfeita para desarmar: em vez de pedir, oferecer-se, presentear! As fotos mostram a Tribo chegando nas casas dos vizinhos da escola com bandejas de guloseimas, e as legendas esclarecem a origem dos docinhos: "Feitos por nós!".

"Para que seja eficiente e ganhe sentido, a educação deve servir a um projeto de sociedade como um todo", esclarece, para quem ainda não entendeu, o pôster da Tribo APAExonados pela Paz, da Apae de Sapucaia do Sul, em mais uma citação do sociólogo Bernardo Toro, para em seguida acrescentar um verso de autoria não identificada, mas definitivo:

Uma nova linguagem há de vir,
que traduza a fé, a esperança, o amor.
É a linguagem da Paz,
que será falada, sentida, cantada
de norte a sul, de leste a oeste
em todo o planeta terrestre.

A Descoberta do Espaço Público

"Descobrir canais de participação, interagir com os diversos movimentos sociais e aprender a trabalhar em rede. Trata-se de uma descoberta fundamental: a descoberta de como se estrutura o espaço público, seus mecanismos, seus ritmos e instrumentos" – ensina o livro das Tribos - *Histórias e Guias para o Voluntariado Juvenil*, editado pela Parceiros Voluntários em 2004. A obra veio como uma das respostas ao desafio colocado, quatro anos antes, pelos estudantes que se envolveram com o início dessa história e que criaram os Fóruns Tribais: "Queremos mais mão na massa".

Graziela Santos é a professora coordenadora da Tribo Horizontes, que integra uma rede de cinco escolas particulares de Porto Alegre – colégios Maria Imaculada, Israelita, Nossa Senhora do Brasil, Rainha do Brasil e São Judas Tadeu – e recebeu o Prêmio Parceiros Voluntários da categoria em 2007. Participando do movimento desde o começo, Graziela, que é professora de ensino fundamental e médio e coordenadora da unidade da PV no Colégio São Judas Tadeu, acredita que a sociedade de certa forma se acomodou à visão de que os jovens atualmente são alienados, consumistas e inconseqüentes:

– Este é um estereótipo que induz a equívoco – afirma ela. – É claro que o jovem reflete o mundo dos adultos, que muitas vezes têm ideais no discurso e na prática criam um ambiente volátil, onde tudo, da caixinha de leite às relações amorosas, é descartável. Mas a experiência das Tribos nos indica que o jovem continua sendo um idealista que quer mudar o mundo. Ele quer agir, quer participar. Se lhe damos responsabilidades, ele responde. Temos visto filhos que conduzem os pais ao voluntariado. Temos ouvido com freqüência pais manifestando seu contentamento pelas transformações positivas que a ação voluntária produz nas atitudes dos filhos, em todos os aspectos. Sentem orgulho dos filhos, pela maneira corajosa com que enfrentam problemas sociais. Alguns chegam a dizer: acho que meu filho está se tornando um ser humano melhor do que eu.

Não é uma avaliação isolada. As professoras Rosane Carvalho e Rosane Breyer confirmam que esta mudança é perceptível também nos alunos de suas escolas, o Colégio Israelita e o Colégio Nossa Senhora do Brasil, respectivamente.

Em seu projeto mais recente, explicam os professores Carlos Barcelos e Ida Beatriz Steques, que também acompanham a Tribo Horizontes desde o início, os jovens tribeiros optaram por trabalhar com a comunidade da Vila Pinto, região considerada de risco social. A cada sexta-feira dirigem-se à Escola Municipal Mariano Beck, onde promovem oficinas nas salas de aula e um recreio orientado para cerca de 400 alunos, divididos em 17 turmas, do jardim à quarta série. Os voluntários formam grupos de seis componentes, e cada grupo adota uma turma durante o ano. A última sexta-feira de cada mês é dedicada a reuniões de planejamento e avaliação das atividades. Para quem pôde testemunhar o envolvimento recíproco que se estabeleceu entre os voluntários e os alunos da Mariano Beck, é fácil compreender o comentário feito por uma servente da escola, dona Luísa, que em uma dessas sextas-feiras observava pensativamente a movimentação do recreio: "Que pena que no colégio dos meus filhos não têm voluntários. Queria eu que minhas crianças tivessem a chance desse carinho".

Para a professora Graziela Santos, além de influenciar positivamente os próprios jovens, suas famílias e a realidade das comunidades onde atuam, as Tribos alteram também os conceitos de professores e escolas:

– Como coordenadora de voluntários, eu tenho de estar preparada para ajudá-los a lidar com o compromisso que eles assumem, tenho de ser capaz de transmitir a eles que voluntariar não é a mesma coisa que doar bolachas ou açúcar. Minha própria visão como educadora mudou, pois o relacionamento em sala de aula com esses alunos também muda. Meu foco não é mais o nível cognitivo ou a capacidade de atenção, porque me vejo diante das solicitações de outro ser humano, não apenas de um "simples aluno". Minha crença é de que estamos no meio de um processo de mudança cultural.

A Parceiros Voluntários ocupa-se de forma deliberada com a questão cultural, pois entende que o patrimônio dos valores transmitidos e adquiridos é sempre submetido a contestação. Contestar, no entender da PV, não quer necessariamente dizer destruir ou rejeitar *a priori*, "mas sobretudo pôr à prova na própria vida e, por meio desta verificação existencial, tornar tais valores mais vivos, atuais e personalizados, discernindo o que na tradição é válido daquilo que é falso e errado ou constitui formas antiquadas, que podem ser substituídas por outras mais adequadas aos novos tempos e cenários".

Assim, na ação das Tribos está prevista a oportunidade de atualizar vivencialmente a cultura da sociedade como um todo, uma vez que a PV percebe isso como fundamental à própria saúde da comunidade, pois "quando uma cultura se fecha em si própria e procura perpetuar formas antiquadas ou ultrapassadas de vida, recusando qualquer mudança e confronto com a verdade do homem, novos conhecimentos, atitudes e cenários, ela torna-se estéril e entra em decadência".

Tribos nas Trilhas da Cidadania, principal ação do Programa Parceiros Jovens Voluntários, é hoje o maior movimento de ação voluntária de jovens no Brasil, com mais de 93 mil estudantes de escolas públicas e privadas inscritos em 2007.

A SUSTENTABILIDADE EM UMA REDE SOCIAL: A EXPERIÊNCIA DA PARCEIROS VOLUNTÁRIOS

Um Olhar Acadêmico: A Visão da Unisinos/RS

1. Introdução

A sustentabilidade é tema recorrente nas discussões gerenciais acerca de competitividade e estratégia. Não obstante isso, a complexa rede dos fatores que garantem sustentabilidade desafia nossa compreensão. Se, por um lado, os fatores econômicos têm recebido muita atenção dos estudiosos, por outro, os estudos de casos têm mostrado cada vez mais que a sustentabilidade de um empreendimento depende de outros fatores além do econômico, e entre eles os valores éticos e sociais parecem desempenhar papel decisivo.

Este artigo visa a investigar a sustentabilidade a partir da perspectiva do engajamento social de organizações e das pessoas que nela trabalham, tendo como referência a Parceiros Voluntários (PV). Esta é uma organização não-governamental, sem fins lucrativos, situada no Rio Grande do Sul (RS), na região Sul do Brasil, que vem realizando ações sociais há mais de dez anos, sendo reconhecida por suas práticas e metodologia de gestão e, principalmente, pela seriedade e confiança que despertam junto à comunidade. O estudo tem como eixo o relato de doze indivíduos com papéis distintos e que atuam como colaboradores internos ou externos da PV ou representando empresas e instituições beneficiadas. O que os une, além da disposição para o engajamento social, é a mediação para esse engajamento, realizada pela PV. Este trabalho realizado pela PV é destaque para a articulação e promoção de redes sociais, viabilizando uma mobilização social a partir da aproximação dos agentes envolvidos.

A premissa que direciona o nosso estudo refere-se à idéia de que as organizações que "fazem o bem" também são aquelas que "fazem bem". Em outras palavras, as melhores práticas são aquelas que combinam as ações de sustentabilidade econômica e social.

Neste contexto, buscamos compreender a motivação de lideranças empresariais e de indivíduos para "fazerem a sua parte", dedicando-se a serviço do outro sem a expectativa de retorno econômico. A questão se torna ainda mais complexa e instigante porque existem evidências de que as empresas que "fazem o bem" tendem a fazer melhor o seu próprio trabalho. Isso quer dizer que as "melhores práticas sociais" agregam, por vias não diretamente econômicas, valor às empresas e aumentam a sua sustentabilidade, conferindo-lhes uma importante vantagem competitiva, tanto do ponto de vista de indicadores econômicos[i], quanto do ponto de vista da confiabilidade e imagem social da organização. A questão que este estudo se coloca é como isso pode ser o caso. De que modo e por quais mecanismos as ações de engajamento social – em nosso caso, o voluntariado – agregam valor aos agentes envolvidos, sejam eles empresas ou indivíduos. A estratégia central do trabalho é compreender, a partir da percepção dos doze entrevistados, como esta rede de mobilização social se mantém e se expande. A questão-chave que guia os relatos de seus envolvimentos com o trabalho voluntário é: "O que eu ganho com isso¿". Os dados coletados foram analisados com base na análise textual qualitativa.

A natureza eminentemente interdisciplinar da questão exige uma abordagem igualmente ampla do ponto de vista acadêmico. Com efeito, o grupo de pesquisadores envolvidos no estudo possui uma formação heterogênea e que cobre as seguintes áreas: administração, economia, psicologia, sociologia, pedagogia e filosofia. Isso contribui para uma análise transdisciplinar das experiências relatadas. Vale dizer ainda que o grupo possui uma experiência prévia de trabalho e assessoria à organização Parceiros Voluntários, o que deu origem a seu interesse coletivo pelo tema e o que serviu sobejamente a incrementar a sua capacidade de interpretação dos dados levantados.

2. A sociedade civil organizada no Brasil: pequena história

O engajamento dos cidadãos brasileiros passou por um processo de profunda diferenciação entre os anos 60 e este início de século. Se a partir da instalação da ditadura os movimentos sociais tiveram caráter eminentemente reivindicatório e de ruptura com o *status quo* vigente, com clara oposição à ditadura, a favor da reinstalação do Estado de Direito no país e da devolução ao povo das liberdades democráticas, já a partir dos anos 90 um outro tipo de movimento vai ganhando força. Sob a égide de uma sociedade regulada pelo poder civil reinstaurado, os movimentos sociais se institucionalizaram mediante marcos regulatórios claros. Convertem-se em organizações não-governamentais (ONGs) e passam a operar diretamente no tecido social, como agentes de construção e não mais de ruptura. Nesse contexto, o espaço para o nascimento de novos movimentos sociais é enorme, e eles surgem com um amplo espectro de atuação, que vai, por exemplo, de movimentos em defesa dos direitos dos negros a movimentos para a defesa do meio ambiente, ou de movimentos sindicais tradicionais a movimentos em defesa dos valores liberais. Em resumo, restituída a ordem democrático-legal no País, a sociedade civil vai tomando as rédeas do destino da nação e construindo, a partir do confronto dos diferentes projetos que abriga, o seu futuro. É no quadro dessas circunstâncias que os movimentos sociais em defesa do trabalho voluntário têm de ser situados.

O conceito-chave para se entender o fenômeno da ação voluntária organizada é "Terceiro Setor", e ele se define melhor pelo que não é: o Terceiro Setor nem é público nem é privado. Sua emergência indica um novo tipo de utopia. Uma utopia que inclui diversidade de formas complementares de democracia e um complexo conjunto de direitos civis, sociais e políticos, que devem ser compatíveis com a diferenciação moderna da sociedade. É justamente esta diferenciação que provoca a abertura para formas de organização que vão além dos marcos do Estado moderno e para as quais o termo "Terceiro Setor" é cunhado. As inúmeras regulamentações já existentes, mesmo que inadvertidamente, favorecem o estabelecimento de redes de comportamentos e fornecem a matéria-prima para o tecido legal necessário ao florescimento de práticas situadas entre o privado e o público.

As atividades solidárias na sociedade brasileira contemporânea têm sido em geral muito pouco estudadas. Por um lado, pesa sobre elas o espectro do assistencialismo, com críticas à esquerda e à direita. Por outro, compreende-se muito pouco a sua dinâmica e menos ainda os seus efeitos econômicos, seja desde a ótica das empresas, seja desde o ponto de vista dos indivíduos que nelas atuam.

A revitalização da exigência ética presente na multiplicação da filantropia é amplamente marcada pelo bem-estar individual, e as ações individuais são cada vez mais difundidas com a finalidade de melhoria da sociedade. Contudo, um paradoxo surge dos resultados das ações de filantropia: justamente quando não se busca o interesse próprio na ajuda ao outro, quando esta ajuda tem a marca da gratuidade e, portanto, alto valor moral, é que ela produz os melhores resultados para os assistidos, mas, inesperadamente, atende também aos interesses daqueles que as realizam, mesmo os seus interesses econômicos. O que cabe explicar é, por conseguinte, a influência das exigências éticas no bom desempenho econômico, variáveis que tradicionalmente aparecem em lados opostos da equação do mercado. E, no entanto, esta nos parece ser a chave para compreender o fenômeno em tela: o valor econômico de uma ação não é indiferente ao seu valor moral.

A SUSTENTABILIDADE EM UMA REDE SOCIAL

Considerando-se este contexto e a necessidade de se estabelecer uma ação coordenada, podemos (re)pensar o voluntariado sob a perspectiva de gestão. Nesta ótica, destaca-se a necessidade de sustentabilidade das ações sociais. Esta, por sua vez, implica, por um lado, uma mobilização social estimulando um engajamento genuíno de pessoas e, por outro lado, uma capacidade de gestão, vista a necessidade de continuidade dessas ações a longo prazo, diferenciando-as de ações pontuais de campanhas assistenciais.

3. A gestão e a sustentabilidade na prática do voluntariado

Tradicionalmente, a sustentabilidade pode ser percebida por meio de três fatores: econômico, social e ambiental. De uma maneira geral, as organizações focalizam seus esforços no aspecto econômico, ainda que seja crescente a preocupação com as questões sociais e ambientais. Em relação às organizações do Terceiro Setor acontece o inverso, a ênfase recai no aspecto social, sem perder de vista as questões econômicas e ambientais. Portanto, pode-se dizer que existe uma diferença na priorização ou na compreensão da sustentabilidade para estas organizações.

Neste sentido, o voluntariado como uma prática organizada de ação social demanda dois aspectos centrais: a) mobilização social e b) capacidade de gestão, aspectos que impactam diretamente na sustentabilidade de uma organização não-governamental, bem como na sustentabilidade das organizações que integram a rede social que ela articula.

Em relação à mobilização social, destacam-se as idéias de construção de rede e de capital social emergente, como fatores importantes na ação de voluntariado como prática social sustentável. De acordo com Barquero (2002), uma rede pode ser definida como o sistema de relações e/ou de contatos que vinculam as empresas e/ou atores entre si e cujo conteúdo está relacionado a bens materiais, informação ou tecnologia. A isso acrescentaríamos, como diferenciador, princípios éticos e solidários. Barquero (2002) refere-se às transações em um contexto de reciprocidade, formada por relações de interdependência formal ou informal entre agentes, baseadas em conhecimento pleno, autodeterminação e respeito aos demais.

Para Lipnack e Stamps (1982), as redes resultam da tensão criativa que há entre tendências competitivas e cooperativas, variando entre a auto-asserção de indivíduos e a integração requerida pelo grupo como um todo. Segundo os autores, dois dos princípios oferecem suporte à competição: participantes independentes e múltiplos líderes; e outros dois princípios refletem cooperação: propósito unificador e interligações voluntárias. O quinto princípio proporcionaria equilíbrio entre as forças antagônicas, ou seja: níveis interativos.

A gestão do trabalho voluntário organizado e sustentável supõe capacidade de gestão, seja para gerir recursos com competência e seriedade, seja para articular sinergicamente ações no coletivo, de forma que num processo de co-inspiração e co-operação emerjam competências e relações de confiança que qualifiquem o capital social.

As organizações humanas compreendidas como sistemas sociais vivos são redes autogeradoras de comunicações. Como um conjunto de nós interconectados na rede organizacional, seus atores facilitam o surgimento espontâneo de coisas novas, estimulando a criatividade e a construção de uma rede ativa de comunicações com múltiplos elos de retroalimentação (Capra, 2002). No movimento de conexão e de integração de novos nós-atores, desde que haja comunicabilidade dentro dessa rede, ou seja, desde que sejam compartilhados os mesmos códigos de comunicação, como, por exemplo, valores, normas ou objetivos, a rede ganha consistência, se fortalece e se expande ilimitadamente (Capra, 2002; Castells, 1999).

Neste sentido, as redes ou o capital social da organização são uma alternativa de solução aos problemas de coordenação de organizações mais descentralizadas, pois constituem uma forma de ordem espontânea, a qual emerge como resultado das interações de participantes descentralizados que têm, em comum, normas informais e valores compartilhados (Fukuyama, 2000). As organizações humanas sempre contêm estruturas projetadas e estruturas emergentes. As estruturas projetadas ou planejadas são as estruturas formais, que estão explicitadas nos documentos formais da organização. Já as estruturas emergentes são criadas pelas redes informais da organização, pela formação de pequenos grupos ou mesmo por comunidades de prática[ii]. O processo de formação e de desenvolvimento de um grupo possui organizadores que podem ser explicitados no objetivo que reúne as pessoas, as atividades desenvolvidas, o tempo e local que orientam seus encontros (Seminotti, 2000). Contudo, há uma dimensão tácita, inserida no contexto, baseada na experiência de seus participantes e na percepção que eles possuem sobre essa experiência vivenciada. A intersubjetividade do grupo se constrói, pois, nas trocas, na interdependência estabelecida entre seus membros, à medida que se auto-organizam e compartilham as percepções sobre o que vivenciam, construindo significados nesse coletivo (Morin, 1996).

Os sentimentos que perpassam as partes/indivíduos, quando trabalhados de forma co-operada e co-inspirada, revelam um nível de inter-relação, uma interdependência capaz de gerar entre essas partes/indivíduos uma nova unidade: o grupo. A noção de complexidade de Morin (2002) propõe uma relação de transformação mútua entre partes e todo, ou seja, a existência de uma intensa troca entre as partes e o todo, recursivamente. Assim, o grupo como uma totalidade é capaz de expressar, simultaneamente, mais que a soma de suas partes, desde a perspectiva que contém não apenas o que está nas partes, mas fundamentalmente o que se constrói entre as mesmas; e menos, considerando que nesse todo a complexidade das partes, das individualidades, não se dilue, não se esgota e está em constante transformação.

O grupo, nessa perspectiva, é tomado como um método de transformação, onde o movimento constante de revelar-se e encobrir-se, de sentir-se isolado e perceber o outro, de diferenciar-se e confundir-se na relação com os semelhantes, de falar ou calar, utilizando-se de toda e qualquer linguagem como forma de expressão, permite o crescimento dos indivíduos e da coletividade na qual interagem.

Para encontrar o equilíbrio entre o planejamento (que é da ordem do formal) e o surgimento espontâneo (que é da ordem do informal), é necessário articular duas habilidades de liderança: a) formular claramente uma visão e comunicá-la com paixão e carisma, o que é próprio de líderes tradicionais planejadores; b) ser um facilitador e habilitar a comunidade como um todo a criar alguma coisa nova; utilizar o poder da autoridade para capacitar, desenvolver, fortalecer o poder das outras pessoas. Em outras palavras, a sustentabilidade neste setor está diretamente ligada ao processo de mobilização, seja ele focado em práticas formais de gestão ou com base na informalidade das relações que se estabelecem quando as pessoas interagem.

Um processo de mobilização, segundo Toro e Werneck (1995, p. 28), passa por dois momentos: "o primeiro é o do despertar do desejo e da consciência da necessidade de uma atitude ou mudança. O segundo é o da transformação desse desejo e dessa consciência em disposição para a ação e na própria ação". Nesse processo, as lideranças possuem papel fundamental, não apenas despertando desejos e mobilizando atitudes, mas também facilitando o surgimento espontâneo de coisas novas, estimulando a criatividade e a construção de uma rede ativa de comunicações com múltiplos elos de retroalimentação.

A sinergia e a interdependência entre as partes ou "nós" da rede permitem, se pensarmos em voluntariado, a construção de uma consciência coletiva acerca do significado do trabalho voluntário, seja em termos de concepção ideológica, seja como ação de prática social organizada e competente. A figura 1 sintetiza os principais pontos tratados no referencial teórico.

Figura 1 – Mapa Conceitual

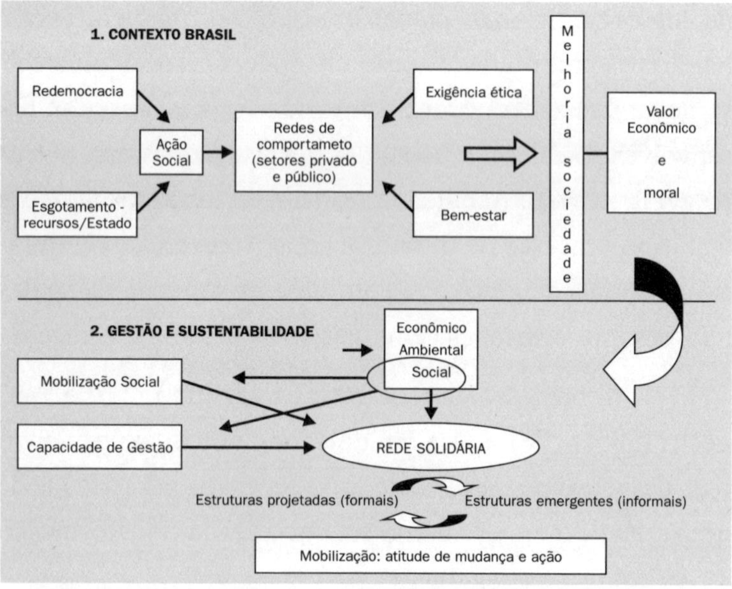

4. Método

Este estudo de natureza qualitativa visa a analisar um fenômeno organizacional que não pode ser rigorosamente medido em termos de quantidade, freqüência ou intensidade (Denzin; Lincoln, 1994). Caracteriza-se como um estudo exploratório, pois investiga um fenômeno ainda pouco conhecido na realidade brasileira, com o propósito de compreendê-lo melhor, podendo lançar alguns novos *insights* e descrever elementos relacionados a esta situação (Marshall; Rossman, 1989). Foi utilizado o método estudo de caso, por ser o indicado para a análise profunda de uma unidade de estudo, quando o pesquisador visa ao exame detalhado de um ambiente, de um sujeito ou de uma situação particular (Yin, 1994).

Este estudo foi realizado em três etapas: preparatória, investigativa e conclusiva. A etapa preparatória incluiu a escolha dos entrevistados e um conhecimento geral sobre a PV e o contexto em que atua. A etapa investigativa representou um "mergulho" na realidade da instituição, tendo como referência os depoimentos levantados com doze pessoas que representam papéis diferenciados em sua relação com a PV: seis colaboradores internos da PV; dois representantes de empresas parceiras (três entrevistados); um representante de uma instituição parceira; um representante de uma instituição beneficiada; um voluntário.

Os questionamentos focalizavam-se na questão "o que eu ganho com o trabalho voluntário¿". Esta questão foi aprofundada a partir dos relatos, buscando-se compreender a percepção das pessoas entrevistadas com base na sua visão pessoal, no papel ocupado junto a PV e em relação à comunidade atendida. Buscou-se resgatar as experiências mais significativas vivenciadas pelos entrevistados e a síntese desses "ganhos" mediante uma única palavra. Buscou-se ainda compreender o trabalho que essas pessoas desenvolvem e a sua relação com o negócio da empresa.

As entrevistas foram gravadas, transcritas e analisadas com base na análise textual qualitativa que, conforme Moraes (2003), é um ciclo de análise constituído de três elementos: unitarização, categorização e comunicação. Essa proposta de análise passa pela identificação das idéias-chave, o seu agrupamento em categorias e a análise de um novo texto, que comunique as novas compreensões emergentes nesse processo analítico.

Os dados secundários foram utilizados, por sua vez, para complementar a compreensão do contexto. A análise de documento (documentos administrativos, *site* institucional e relatórios da organização) foi utilizada como uma forma de identificação das práticas e projetos da empresa. A principal utilização da informação proveniente da análise de documentos foi fortalecer e valorizar outras fontes de evidência, principalmente fornecendo detalhes ou mesmo possibilitando novas reflexões e questionamentos para alimentar as entrevistas.

A última etapa, conclusiva, busca relacionar os depoimentos e análise dos dados com o referencial teórico previamente estabelecido. Neste momento retoma-se a premissa do estudo: fazer melhor fazendo o bem. Em outras palavras, acredita-se que existe uma relação entre o movimento social e a capacidade de gestão, e essa combinação é o sentido de sustentabilidade para as organizações não-governamentais. Essa combinação favorece à organização lidar com valores, inspirando confiança, reconhecimento e seriedade.

5. A Parceiros Voluntários

Histórico

A Parceiros Voluntários (PV) é uma organização não-governamental, sem fins lucrativos, apartidária, criada em janeiro de 1997, por iniciativa do empresariado do Rio Grande do Sul, com a missão de estimular, captar, qualificar e encaminhar voluntários à comunidade gaúcha, para promover a cultura do voluntariado organizado.

Neste sentido, assume alguns princípios expostos entre suas crenças e valores, entre os quais se destacam que *todo trabalho voluntário traz retorno para a comunidade e para as pessoas que o realizam. Além disso, afirmam que a prática do princípio da subsidiariedade é indispensável à autonomia das comunidades para seu desenvolvimento.* E por fim, pregam que *o desenvolvimento sustentado é alcançado pela interação entre os sistemas econômico e social.*

Ações e Projetos

As ações da PV podem ser classificadas em quatro categorias/programas. O primeiro diz respeito ao chamado "Voluntário Pessoa Física", que parte de uma *reunião de conscientização,* na qual o interessado recebe informações conceituais e é orientado sobre "o que é ser voluntário".

O segundo programa diz respeito ao "Voluntário Pessoa Jurídica", que tem por objetivo sensibilizar a empresa para ver-se como agente estimulador de seus colaboradores, para o exercício da Responsabilidade Social Individual (RSI) e para a importância de sua participação em projetos sociais da comunidade. O Programa também busca romper com o paradigma de que a participação social da empresa ocorre exclusivamente pelo patrocínio financeiro, permitindo o desenvolvimento de capacidades e competências, através de uma atitude participativa; espírito empreendedor; criatividade; liderança e, especialmente, a vivência de outras realidades.

O terceiro segmento programático refere-se aos "Parceiros Jovens Voluntários". Este programa engloba várias formas de envolvimento da comunidade escolar com a sua comunidade, estimulando o jovem a atuar em seu contexto social, visando à sua formação como agente mobilizador, articulador frente a desafios cotidianos e sua integração à comunidade, com base na solidariedade e na RSI.

Por fim, faz parte do escopo de atuação da PV o programa "Organizações da Sociedade Civil", no qual, por meio de parcerias com as Organizações da Sociedade Civil (OSCs), a PV busca a implantação e o desenvolvimento da cultura do trabalho voluntário organizado, visando à transformação da realidade social. As OSCs são apoiadas por voluntários cadastrados na Parceiros Voluntários, que visam atender às demandas dessas organizações nos mais diversos segmentos, possibilitando o beneficiamento direto e indireto de seus públicos.

6. Percepções dos stakeholders

A sustentabilidade das práticas sociais está diretamente relacionada ao nível de comprometimento e engajamento das pessoas envolvidas com as causas sociais desenvolvidas (colaboradores internos, empresas e instituições parceiras, instituições beneficiadas e voluntários).

Neste sentido, é importante conhecer um pouco mais a percepção dessas pessoas, cada qual com seu papel, que contribuem para o que destacamos neste artigo de "fazer melhor fazendo o bem". O questionamento central refere-se ao "que se ganha com essa participação¿".

6.1 Ganhos para a comunidade

Os benefícios usufruídos pela comunidade são resultados evidentes da ação social organizada e estimulada pela PV. Entretanto, não são óbvios os resultados atingidos em dez anos de história. Neste sentido, destacam-se alguns indicadores, que foram levantados tendo como referência o mês de Novembro de 2006, atualizados para publicação em Dezembro de 2007.

Quadro 2 – Alguns indicadores da PV

Nº de Participantes no Voluntariado	Total
Voluntários Engajados	249.838
Jovens Engajados	93.000
Escolas Engajadas	1.410
Empresas Engajadas	2.031
Organizações da Sociedade Civil Conveniadas	2.337
Rede Parceiros Voluntários (cidades)	74
Beneficiados Diretamente (em torno de)	950.000

Fonte: http://www.parceirosvoluntarios.org.br/index.asp (Dezembro, 2007)

Os ganhos para a comunidade foram destacados, em todos os seis depoimentos dos colaboradores internos, como o principal resultado das ações da PV. Para as empresas parceiras não foi diferente. Porém, a perspectiva organizacional foi o centro dos depoimentos.

Em síntese, os doze depoimentos levantados centralizam-se nos seguintes benefícios: a atitude positiva de não-conformação em relação ao papel social, o fato de se cumprir um dever, a tecnologia de organização representada por uma metodologia de trabalho social, a captalização da empresa e da sociedade, o simples fato de fazer algo pelo outro, o fortalecimento da imagem da empresa e da instituição frente à comunidade, uma qualidade de vida superior e aumento na expectativa de vida das pessoas, o desenvolvimento de uma filosofia de ensinar e desenvolver, a construção de uma corrente positiva de energia e a satisfação com essas ações.

6.2 Ganhos pessoais

Em relação à perspectiva individual, os relatos foram recheados de emoção, com maior ou menor intensidade, o que nos leva a crer que os ganhos em nível individual são tão impactantes quanto os ganhos sociais usufruídos pela comunidade. Inclusive, nos relatos esses dois níveis (pessoal e comunidade) se misturam, sendo praticamente impossível falar de um deles sem tratar do outro.

Os ganhos pessoais referem-se sucintamente à questão do autoconhecimento e autodesenvolvimento, compreensão do ser humano, realização pessoal, mudança de valores, diferentes formas de se enxergar a realidade, saber como se doar e doar seu tempo, aprofundamento de conceitos, desenvolvimento técnico, autoconfiança, mudança pessoal, valorização pessoal e completude.

No intuito de resgatar a principal razão para o trabalho voluntário e práticas de responsabilidade social, uma vez que nas entrevistas não direcionamos o questionamento para a perspectiva individual ou da comunidade, mas deixamos os entrevistados relatarem o que fosse mais significativo, finalmente pedimos que cada entrevistado ilustrasse com uma palavra "o que eu ganho com isso¿". As palavras citadas foram: amor (duas citações), transformação (duas citações), ser humano melhor (duas citações), paixão, paz, aprendizado, crescer, desenvolvimento, doação.

6.3 A sustentabilidade das ações sociais

Os relatos apresentados reforçam o questionamento inicial que fizemos e nos instigam a refletir mais profundamente sobre o que gera a sustentabilidade dessas práticas sociais e das ações da PV. Aqui, dois pontos merecem destaque. O primeiro, fazer o bem faz bem. E o segundo refere-se à premissa deste estudo, a saber: fazer melhor fazendo o bem. Esses dois pontos criam um ciclo virtuoso no qual as pessoas envolvidas se sentem gratificadas com as suas ações e, em virtude disso, geram um melhor resultado para as empresas onde trabalham. Isso ocorre com base em valores sociais internalizados pelas pessoas, em razão do que elas se comprometem mais com o seu grupo de trabalho, o que resulta numa substantiva melhoria no clima organizacional.

O *fazer o bem faz bem* envolve diretamente as questões de sustentabilidade econômica e a capacidade de gestão[iii]. A PV foi fundada por oito empresas e quatro federações empresariais. Para as necessidades administrativas essas empresas conferem a sustentabilidade econômica. Para os programas sociais da PV, são os patrocinadores.

Além de desenvolver internamente a lógica da sustentabilidade e de oferecer cursos nesta área, observa-se que as empresas parceiras são organizações de prestígio e destaque em seus respectivos segmentos, reconhecidas por sua capacidade de gestão. Portanto, a questão da imagem, da confiança e da credibilidade é ponto importante na busca de parceiros para atuarem em projetos sociais. Como podemos observar, a questão da sustentabilidade envolve aspectos referentes ao perfil do voluntário, às questões de gestão da PV, aos cursos e capacitações nesta área para as empresas que ingressam no trabalho voluntário. Mais que isso, as próprias parceiras são empresas de destaque em seus segmentos pela sua capacidade de gestão.

Enfim, essa sustentabilidade é observada ao longo da cadeia de relacionamento da PV, o que confere uma idéia mais ampla à questão da sustentabilidade – ela ultrapassa as fronteiras da organização atingindo outros agentes externos, expandindo-se e contagiando outras pessoas e organizações, formando importantes redes sociais.

7. Conclusões

Este estudo buscou compreender a sustentabilidade a partir de uma iniciativa de organizações da sociedade civil, que vêm desempenhando um crescente papel de inserção social regional, conformando uma destacada rede solidária no Brasil.

Para isso, entrevistamos doze indivíduos desta rede, entre colaboradores internos e externos, no intuito de identificar os ganhos envolvidos nesta participação. Com base nos relatos, identificamos duas categorias de análise: ganhos para a comunidade e ganhos pessoais.

Os relatos foram bastante significativos, e neles destacamos as palavras escolhidas pelos entrevistados para sintetizar os ganhos com as ações voluntárias: amor, transformação, paixão, paz, doação, entre outras, expressam um profundo sentimento de auto-realização e comprometimento com valores morais, evidenciando um sentido de coletividade. Este sentimento é a base para compreender o significado do voluntariado e a força motivadora que consolida e amplia a rede social analisada.

Esse comportamento generoso, ou altruísta, é desejado pelo grupo e recompensado por ele como uma grande aceitação, o que promove no indivíduo a recompensa do fazer parte, do pertencer, do ser aceito; a recompensa do estar "fazendo a coisa certa", que é a recompensa da convivência com o outro, da aceitação pelo outro. Tais comportamentos reforçam laços sociais e, por conta disso, melhoram a possibilidade de interação entre o grupo, o que leva a mais confiança, num círculo virtuoso, aumentando a ligação do indivíduo com o grupo e, por conseguinte, com a organização.

Não só fazer melhor fazendo o bem é um ponto-chave nas reflexões instigadas neste artigo. Essa premissa, confirmada no estudo, encontra sustentação em um outro ponto fundamental nas nossas discussões: fazer o bem faz bem. Ou seja, a oportunidade de se trabalhar com o voluntariado traz outros ganhos além do profissional. E são exatamente esses ganhos que contribuem para a sustentabilidade e ações de longo prazo que permitem que a PV seja percebida como uma instituição reconhecida por sua seriedade e pela competência de suas ações sociais.

Além disso, só é possível falarmos em ações sociais sustentáveis quando pensamos em estratégias de longo prazo que envolvem a mobilização social e a capacidade de gestão, isto é, quando se tem como base das ações tanto fatores econômicos quanto sociais. Esta consciência deve ser percebida por todos os membros de uma rede solidária, como foi o caso do nosso estudo. Neste nível de esclarecimento, é possível enxergar nitidamente que o sentido que o trabalho voluntário desenvolve é maior que as ações individuais ou organizacionais e, ao mesmo tempo, os benefícios podem ser estendidos inclusive para estas dimensões menores. A possibilidade de visualizar benefícios em diversos níveis e de poder, ainda, percebê-los como ganho pessoal é o que permite a consolidação dessas ações e uma tendência crescente de envolvimento de outras pessoas. Isso faz com que sejamos bastante otimistas em relação ao desenvolvimento de um mundo melhor, tendo como base a busca da excelência, que nada mais é do que a prática contagiante de buscar fazer melhor fazendo o bem.

Mais que isso, a sustentabilidade das ações sociais não pode ser evidenciada exclusivamente nas práticas sociais, ou no papel que as organizações representam. Muito mais que eventos, a ação social, sob a perspectiva da sustentabilidade e, por conseguinte, com base no equilíbrio de fatores econômicos e sociais, acontece nos elos invisíveis que formam a rede social. Elos que, no caso específico deste estudo, é o que a PV estimula e cultiva. Nesta rede, a interdependência entre o papel de cada um e de todos é fundamental para a concretização de um ideal social, baseado em ações voluntárias e em busca da construção de práticas que conduzam, recursivamente, a se fazer melhor fazendo o bem.

Claudia Bitencourt - claudiacb@unisinos.br
Adriano Naves de Brito - brito@unisinos.br
Patrícia Martins Fagundes Cabral - patriciamf@unisinos.br
Luís Humberto de Mello Villwock - luisvillwock@terra.com.br
Alfredo Culleton - alfredoculleton@hotmail.com
Ieda Rhoden - irhoden@brturbo.com

i Um dos indicadores prestigiados no mercado internacional é o *Dow Jones Sustainability Index* (DJSI), índice que reúne empresas socialmente responsáveis cotadas na bolsa de Nova York. Criado em 1999, o desempenho do DJSI tem sido consistentemente superior ao índice *Dow Jones*. Em 2001, foi criado o *FTSE4good Global* da bolsa de Londres, e em 2003 o *Socially Responsable Index*, da bolsa de Johannesburgo, na África do Sul. No Brasil, o *Índice de Sustentabilidade Empresarial da Bovespa (ISE)* completa um ano de existência em 2006.

ii Etienne Wenger (1998), teórico da comunicação, cunhou o termo "comunidade de prática" para designar redes sociais autogeradoras, que desenvolvem uma prática comum, ou seja, maneiras determinadas de fazer as coisas e de se relacionarem entre si, que permitem que atinjam o seu objetivo comum.

iii Etienne Wenger (1998), teórico da comunicação, cunhou o termo "comunidade de prática" para designar redes sociais autogeradoras, que desenvolvem uma prática comum, ou seja, maneiras determinadas de fazer as coisas e de se relacionarem entre si, que permitem que atinjam o seu objetivo comum.

Referências Bibliográficas

BARQUERO, A.V. **Desenvolvimento endógeno em tempos de globalização**. Porto Alegre:UFRGS/FEE, 2002.

D'ARAÚJO, M. C. **Capital Social**. Rio de Janeiro: Jorge Zahar Ed., 2003.

DENZIN, N.; LINCOLN, Y. **Handbook of qualitative research**. London: Sage, 1994.

FUKUYAMA, F.1999. **The great disruption : human nature and the reconstitution of social order**. New York : Free Press.

LIPNACK, J.; STAMPS, J. **Networking, the First Report and Directory**. New York: Garden City, 1982.

MARSHALL, C.ROSSMAN, G. **How to conduct the study: designing the research**. Maryland: Sage publications, 1989.

MORAES, R. Uma tempestade de luz: a compreensão possibilitada pela análise textual discursiva. **Ciência e Educação**, 9(2):191-210, 2003.

MORIN, E **Ciência com Consciência**. Rio de Janeiro: Bertrand Brasil, 2002.

MORIN, E. A Noção de Sujeito. In: SCHNITMAN, Dora F. (Eds.). **Novos Paradigmas, Cultura e Subjetividade:** 45-55. Porto Alegre: Artes Médicas, 1996.

PUTNAM, R.D. **Comunidade e democracia. A experiência da Itália moderna**. Rio de Janeiro: FGV, 2005.

SEMINOTTI, N. **La organización y dinámica del grupo psicológico: la multiplicidad/diversidad de organizadores del grupo**. Umpublished doctoral dissertation , Universidad Antónoma de Madrid, Madrid, 2000.

TOCQUEVILLE, A. **De la democratie en Amerique**. Paris: Folio France, 1986.

TORO, J.B.; WERNECK, N.M.D. **Mobilização social: um modo de construir a democracia e a participação**. Brasília: Ministério do Meio Ambiente, 1995.

YIN, R. **Case study research: design and methods**. London, Sage, 1994.

PESQUISA DE OPINIÃO SOBRE TRABALHO VOLUNTÁRIO

Qual a influência das organizações da sociedade civil junto à população? Como este trabalho é recebido, reconhecido e incorporado pelas pessoas?

Quando a ONG Parceiros Voluntários acabava de se constituir, em 1997, buscou levantar estas informações, por meio de uma pesquisa encomendada a um instituto especializado, o Ibope. Interessava-lhe medir o impacto da atuação das ONGs que têm por objetivo contribuir para o desenvolvimento social, como forma de obter subsídios que orientassem sua própria ação. A pesquisa foi repetida pelo Ibope em 2001, e outra vez em 2007, mantendo a mesma amostragem e o mesmo perfil de público entrevistado. Nesta última pesquisa, buscaram-se subsídios para apresentação neste livro, já que a obra se direciona no sentido de iluminar um fenômeno que, considerando o seu alto nível de significação, está a exigir maior visibilidade.

Captados em cinco municípios do Rio Grande do Sul – Bagé, Caxias do Sul, Pelotas, Santa Rosa e Porto Alegre – entre 7 a 12 de outubro de 2007, em uma amostra de 406 entrevistas, os dados da pesquisa trazem informação relevante sobre como o trabalho voluntário organizado atua no imaginário da população. O aspecto mais animador é que 90% dos entrevistados têm uma imagem positiva do trabalho voluntário, especialmente entre os que se situam na faixa etária entre 16 e 24 anos, com maior escolaridade e que conhecem a ONG Parceiros Voluntários, não se registrando variação significativa com relação a este dado entre a pesquisa realizada em 2001 e a de 2007.

Esta boa imagem, entretanto, ainda não se traduz como impulso efetivo de entrar em ação: 92% dos pesquisados não prestam trabalho voluntário. Os principais motivos que levam as pessoas a não querer se comprometer com um engajamento são a falta de tempo (68%) e a necessidade de cuidar de seus próprios problemas (13%). E, ainda, 10% consideram que a ação compete ao Estado. Sinaliza-se, assim, que há um vasto trabalho de conscientização a ser levado adiante, para romper esta barreira entre o ideal e a disposição de colocar mãos à obra. A boa notícia é que cresceu o número dos que vêem na responsabilidade social o fator mais estimulante para realizar trabalhos voluntários (31% em 2007, contra 24% em 2001), sendo que este é o maior motivador para quem conhece e já presta trabalho social. Já 25% acreditam que o fator mais estimulante é a proximidade com problemas sociais (um número que se manteve estável, eram 24% em 2001).

A pesquisa traz indicativos sobre questões de ordem filosófica e metodológica no estilo de atuação das organizações da sociedade civil, na medida em que a ação dos voluntários encaminhados pela ONG Parceiros Voluntários mereceu avaliação muito positiva: nove entre cada dez a consideram entre boa (70%) e ótima (22%).

O quadro geral reforça a necessidade de se produzir um acompanhamento sistemático da movimentação do voluntariado e do Terceiro Setor, denominação que engloba as organizações da sociedade civil, especialmente na forma de estudos sobre aspectos e impactos de ordem sociológica, antropológica, comportamental, cultural e econômica. Existe aí uma ampla avenida para desenvolvimento de pesquisa acadêmica.

As Informações Mais Relevantes

- Imagem do trabalho voluntário: para 90% da população pesquisada, principalmente entre jovens de 16-24 anos, ela é positiva.

- A definição de Trabalho Voluntário na percepção dos entrevistados: 32% associam o trabalho voluntário a solidariedade. Em contrapartida, 24% ainda associam o trabalho voluntário a doação e caridade. Apenas 14% o identificam com participação comunitária.

- Fator que mais estimula a realizar trabalho voluntário: o conceito de Responsabilidade Social foi identificado por 31% dos entrevistados, enquanto a proximidade com problemas sociais foi sinalizada por 25% dos pesquisados.

- Os meios de comunicação de massa ainda são, segundo os pesquisados, os melhores meios de divulgação do movimento. Para os jovens, o melhor meio de divulgação são os shows e eventos. A realização de palestras mobiliza 16% dos entrevistados.

- Sobre a avaliação do trabalho voluntário prestado pelos voluntários encaminhados pela ONG Parceiros Voluntários, 70% consideram boa e 22% consideram ótima.

- No universo pesquisado, apenas 8% dos entrevistados fazem trabalho voluntário sistemático (regular).

- O que motiva as pessoas a fazer trabalho voluntário: 38% dos entrevistados ainda têm o conceito de necessidade de sentir-se útil, de auto-ajuda. Mas 25% já sinalizam que a realização do trabalho voluntário dá-se pela proximidade com problemas sociais. O que motiva o voluntário a manter-se atuante é a satisfação/gratidão das pessoas atendidas (47%).

- Entre as aprendizagens ou conquistas pessoais, entre aqueles que fazem trabalho voluntário, 59% das pessoas revelam-se mais tolerantes em relação aos outros e 47% conheceram realidades ou condições de vida diferentes.

- Sobre a disponibilidade para fazer trabalho voluntário, apenas 15% afirmaram com certeza que participariam e 63% disseram que poderiam participar, dependendo do trabalho a realizar. Do universo daqueles que estariam dispostos a atuar como voluntários, 84% gostariam de trabalhar diretamente com a população. Entre as áreas preferenciais estão a educação (50%) e a saúde (47%), sendo as crianças (63%) o alvo do benefício.

- Quando questionados por que não fazem trabalho voluntário, 68% dos voluntários dizem não dispor de tempo, enquanto 13% dizem ter seus próprios problemas. 10% dos entrevistados entendem que é responsabilidade do Estado atender às necessidades da comunidade.

Na realização da pesquisa, os entrevistados receberam a seguinte conceituação:

Trabalho voluntário é aquele em que
qualquer pessoa, por sua própria iniciativa,
faz uma atividade de qualquer natureza
motivada por uma causa ou ideal,
sem ter por objetivo nenhum tipo
de remuneração material.

SEGUNDA PARTE

A instituição sem fins lucrativos
não fornece bens ou serviços,
nem controla. Seu "produto"
não é um par de sapatos,
nem um regulamento eficaz.
Seu produto é um ser humano
mudado. As instituições
sem fins lucrativos são agentes
de mudança humana.
Seu "produto" é um paciente
curado, uma criança que aprende,
um jovem que se transforma em
um adulto com respeito próprio;
isto é, toda uma vida
transformada.

Peter Drucker

Já em seus primeiros movimentos, elas confirmaram que a realidade no município de Canoas não era diferente daquela que as estatísticas revelam sobre todo o país: uma em cada dez meninas brasileiras engravida antes dos 15 anos, dez por cento dos partos realizados envolvem mães adolescentes. Um problema social por si mesmo preocupante, mas que freqüentemente beira a tragédia quando essas meninas-mães estão na ou abaixo da linha de pobreza. Na grande maioria dos casos, o pai do filho não planejado desaparece de cena. Na melhor das hipóteses, a família da menina assume a criança, com grande sacrifício adicional; na pior, a criança – ou ambas as crianças, mãe e filho – fica entregue à própria sorte. Decididas a interferir nesse quadro, as empresárias Mara Jobim e Miriam Moschetta, a médica Helena Wenher e as psicólogas Sandra Dall'onder e Giovana Cigolini articularam-se em torno de um projeto de caráter voluntário que lhes permitisse uma ação conscientizadora sobre planejamento familiar dentro das escolas e de organizações sociais da cidade gaúcha de Canoas.

Lutando contra toda sorte de resistências, inclusive dos próprios adolescentes a quem começaram a se dirigir, o grupo evoluiu, conseguiu atrair a adesão do poder público municipal e abriu vias de diálogo com seu principal público-alvo. Nesse diálogo, constataram que predomina entre os adolescentes um pensamento mágico, que os leva a dissociar o exercício da sexualidade da possibilidade de gravidez: "Ao mesmo tempo em que são bombardeados pela erotização da mídia, essa meninada simplesmente não acredita que gravidez seja algo que vá acontecer com eles". Por outro lado, "muitas meninas curtem a idéia de engravidar, como um meio de auto-reconhecimento como mulheres e de valorização por parte da sociedade, *por perceberem que assim ao menos uma vez conseguirão atenção, nem que seja na forma de assento privilegiado nos ônibus". Este, na verdade, foi o maior impacto que o grupo voluntário sentiu:*

– Descobrimos que a grande maioria desses adolescentes desassistidos não têm sonhos, não têm nenhum projeto de vida – diz Giovana Cigolini. – Daí que nas palestras nossa estratégia, e também nossa alegria, tem sido mostrar às mulheres jovens que elas podem também ambicionar outras coisas, que existem outras formas de realização além de ter filhos. Mas para que possam ambicionar alguma coisa, elas precisam ser instigadas a sonhar e a pensar alternativas de como conquistar seus sonhos.

Nesse caminho de descortinar alternativas, o Grupo de Planejamento Familiar uniu-se à Rede Nós Voluntários, para gerar em Canoas eventos como a Noite dos Sonhos. *A ação conjunta de trinta e duas instituições e empresas do município fez com que dezenas de meninas pudessem ser "apresentadas à sociedade" em um baile de debutantes, a caráter, com vestidos longos, padrinhos, valsa. Um ritual que para muitos pode até estar desgastado ou ter-se tornado banal, mas que para elas, nas palavras delas, significou a realização de um sonho "que eu nem tinha a coragem de sonhar".*

– O empresariado em geral fica esperando pela ação do governo, mas o Estado hoje não dá conta de tudo o que se demanda dele – pensa a empresária Mara Jobim. – Nós temos que sair de nossa zona de conforto, nós temos que nos mobilizar, e temos que aprender a agir em rede, integrando os esforços da iniciativa privada, do setor público e do voluntariado. O voluntariado exige dedicação, conhecimento e comprometimento, mas ele pode mudar a realidade.

LESTER SALAMON

LESTER SALAMON é licenciado em Economia e Estudos Políticos pela Universidade de Princeton e doutorado em Setor Público pela Universidade de Harvard. É diretor de projetos e estudos comparativos do setor não-lucrativo da Universidade John Hopkins, onde atua como professor e diretor do *Center for Civil Society Studies* (Centro de Estudos da Sociedade Civil). Salamon trabalhou no Centro de Pesquisas sobre Governo e Administração no Instituto de Estudos Urbanos de Washington. Foi diretor adjunto do Departamento Executivo da Presidência. Autor de livros e artigos, entre os quais se destacam *America's Nonprofit Sector, A Primer and Partners in Public Service e Government - Nonprofit Relations in the Modern Welfare State*, Salamon foi conferencista convidado da primeira edição do Seminário Internacional Pare e Pense, em 2002, promovido pela ONG Parceiros Voluntários e Consulado Geral dos Estados Unidos em São Paulo.

Sites relacionados:
www.jhu.edu
www.ips.jhu.edu/mpp/faculty/salamon.html

DE SOLITÁRIOS A SOLIDÁRIOS

CAPÍTULO I

LESTER SALAMON

Minha abordagem aqui não é relativa aos problemas do desenvolvimento humano, que todos sabemos quais são, de forma tão dolorosa, em todo o mundo. Minha abordagem será sobre as soluções para esses problemas. Mais particularmente, sobre uma estratégia para resolvê-los. Eles se originam na pobreza, na degradação ambiental, na violência infantil e são muito graves no mundo de hoje.

Talvez eu possa ilustrar a estratégia que tenho em mente com o exemplo da pobreza infantil, que é particularmente evidente. Uma associação da África do Sul estabeleceu comitês para cuidar e identificar crianças em situação de miséria nos países afetados pela Aids, além de mobilizar recursos da comunidade para responder à questão. Outra iniciativa, da rede de apoio *Save the Children Federation*, nos Estados Unidos, oferece atendimento de qualidade para crianças desprovidas, mobilizando avós adotivos e, de certo modo, envolvendo toda uma comunidade para dar assistência a essas crianças. É clara, também, a ação da *Health in the Heads of People*, que foi lançada pela Federação de Cuidados Primários, nas Filipinas, em cooperação com o Departamento de Saúde. Esse programa organizou as mulheres daquela comunidade em clubes de mães, para ajudar os agentes de saúde a oferecer um bom atendimento para crianças e suas famílias.

O que essas iniciativas todas têm em comum é o entendimento de que o tipo de problemas sociais e econômicos que temos no mundo hoje não pode ser resolvido por abordagens solitárias, que reúnam apenas um grupo de atores sociais. Elas envolvem muitas conexões modernas: o sistema econômico, os sistemas formais de assistência e as redes informais. O sucesso na resolução desses problemas complexos, portanto, exige uma abordagem colaborativa. Mais do que isso, essas iniciativas destacam a importância crucial de uma nova força social, que entrou poderosamente em cena durante os últimos quinze, vinte ou vinte e cinco anos, em diversos países ao redor do mundo, na batalha contra muitos dos problemas de desenvolvimento humano que enfrentamos.

Essa força social veio a ser chamada de Terceiro Setor, ou Setor Sem Fins Lucrativos, no Brasil. São instituições privadas, que atuam fora do mercado e do Estado, por meio das quais as pessoas podem exercer sua iniciativa na busca do interesse público. Essas instituições são particularmente bem equipadas e fazem o tipo de conexão exigida para solucionar alguns de nossos sérios problemas sociais.

Graças à escala geralmente pequena, à flexibilidade, à relativa independência, à reputação de serem dignas de confiança, à sua ligação com comunidades locais, esses grupos podem mobilizar novas energias e novos recursos, da mesma forma como a Parceiros Voluntários está fazendo no Rio Grande do Sul. Eles podem ativar círculos de apoio necessários na busca de soluções para problemas sociais e econômicos. Esses grupos podem chamar a atenção da área pública para problemas não resolvidos. Podem desenvolver novos líderes, oferecer assistência em escala adequada, de maneira a manter a dignidade de quem está sendo ajudado. Servem como uma ponte através da qual o governo e a comunidade de negócios podem se unir à sociedade civil para enfrentar os problemas. Em suma, são parceiros criticamente importantes da área pública, na tarefa de eliminar muitas das sérias dificuldades sociais do mundo de hoje.

Então, quero mostrar-lhes o que sabemos sobre o Terceiro Setor até este momento, como interagimos com ele e quais são alguns dos seus princípios básicos. Mais especificamente, quero destacar cinco pontos fundamentais.

Diferentes, Mas Semelhantes

O primeiro ponto é, de certa forma, o mais importante. Estamos em um período histórico único, que tem se prolongado pelos últimos 15 ou 20 anos. Parecemos estar no meio do que chamei de *Revolução Associativa Global*, uma massiva atividade de organizações sem fins lucrativos que está acontecendo em todo o mundo. E estou convencido de que vamos olhar para esta época como sendo o clímax desse desenvolvimento, tão importante em nossa época quanto a ascensão do Estado-Nação foi para o século XIX e princípio do século XX.

A revolução associativa global é evidente na enorme expansão das instituições não-governamentais. Na França, desde o início dos anos 80. É evidente na Itália, onde metade de todas as associações existentes surgiram nos últimos 15 anos. É clara no surpreendente crescimento das associações e organizações do Terceiro Setor na Europa Central, Oriental e Rússia, iniciada no meio e final dos anos 80, continuando até hoje. É visível no mais de um milhão de organizações registradas na Índia, além de dezenas de milhares de outras informais. No Brasil, é evidente nas mais de 200 mil organizações não-governamentais sem fins lucrativos registradas, às quais se somam outras centenas de milhares. Há relatórios que informam sobre a existência de 150 mil organizações desse tipo na China, um fenômeno relativamente novo em um país firmemente controlado. Tais entidades cresceram em larga escala, existindo ainda muitos conglomerados, como o Movimento de Reconstrução Rural nas Filipinas. Muitas dessas instituições são gigantescas, com orçamentos superiores a 1 milhão de dólares e dúzias de funcionários.

Esse não é um fenômeno totalmente novo. As raízes do Terceiro Setor vão fundo na história de todos os países. É importante, aliás, evitar o mito de que essas organizações repentinamente brotaram do nada. Elas têm história, têm princípios que estão enraizados na história, na cultura e na religião das sociedades nas quais são criadas, onde moldam seu caráter e especificidades.

Há, contudo, por trás disso, alguns elementos comuns. As instituições que emergiram do processo associativo global são diversificadas. Algumas são enormes, outras pequenas. Algumas operam no campo da saúde, outras no campo da cultura. Algumas trabalham nas favelas, outras nos teatros. São um grupo incrivelmente variado de ins-

> *Estamos em um período histórico único, no meio de uma Revolução Associativa Global.*

tituições que, todavia, possuem características comuns. São cinco as características nas quais focamos nossa pesquisa. Enfatizo que estamos falando aqui sobre organizações que existem no setor privado e não fazem parte do Estado. Não distribuem lucros para seus donos ou diretores, o que é uma indicação de que servem a algum interesse comum ao qual as pessoas estão dispostas a dispensar seu tempo, sem esperar lucro, devendo haver alguma noção de interesse público nelas. São auto-regidas, operam por si próprias e têm um determinado grau de autonomia. Finalmente, são voluntárias, no sentido de que participar delas não é obrigatório, é uma questão de escolha por parte dos indivíduos.

Além disso, essas organizações incorporam um grupo de valores. Elas unem dois valores aparentemente contraditórios. Primeiro, a idéia de liberdade e iniciativa individual, um conceito humano fundamental, no qual as pessoas têm o direito e a responsabilidade de agir sob sua própria autoridade para melhorar suas vidas e dar voz aos problemas que as preocupam. Isso é combinado com um segundo valor, o da solidariedade. É a idéia de que as pessoas têm obrigações não apenas com elas mesmas, mas com sua comunidade e com as sociedades das quais fazem parte. As instituições do Terceiro Setor fundem esses conceitos ao criarem um tipo especial de organizações, que mobilizam a iniciativa privada para o bem público. E isso as torna um grupo especial.

Seu crescimento ao redor do mundo não é um acidente. Neste período histórico particular, é um produto da união de importantes forças históricas em desenvolvimento. Entre elas, a difundida crise do Estado, que tivera um papel essencial, e as crescentes dúvidas sobre sua capacidade de, sozinho, resolver todos os problemas sociais, econômicos e ambientais de nossa época. Embora o Estado ainda seja um protagonista importante, é preciso buscar uma alternativa que funcione para a solução dessas dificuldades.

Há também o crescimento de novas tecnologias de comunicação, o que abriu os olhos das pessoas para o fato de que a situação em que vivem não é inevitável, de que existem outras maneiras de viver, o que cria exigências por avanços. As tecnologias também tornaram mais fácil formar organizações que dependem, pesadamente, das telecomunicações. Esse desenvolvimento facilitou que corporações e negócios estendessem seu alcance e também permitiu que as organizações da cidadania se formassem e crescessem.

Atuou ainda a emergência de elites educadas, em muitas partes do mundo, onde eram em menor número há 20 ou 25 anos. Incluo aí o hemisfério Sul e a América Latina, onde as oportunidades econômicas, mesmo para pessoas educadas, eram limitadas, e a repressão política excluía o caminho da expressão política. Muitas dessas pessoas tomaram a frente nos anos 70, 80 e 90, buscando uma alternativa para as energias que devotavam ao interesse público. A formação de associações fora do Estado e fora do mercado ofereceu um mecanismo para que isso ocorresse.

Finalmente, uma série de forças exteriores e de ajuda externa nutriram tal desenvolvimento. A Igreja Católica, principalmente na América Latina, a partir do Segundo Concílio do Vaticano, impulsionou a formação de organizações baseadas em cidadãos, as quais vocês conhecem tão bem no Brasil. Fundações estrangeiras deram apoio a muitos grupos incipientes de cidadãos. Então, o fato de estarmos experimentando a revolução associativa global não deve ser uma surpresa. É a erupção de algumas forças sociais e econômicas que, acredito, irão continuar. Este é o ponto central que quero abordar: estamos no meio de algo que é historicamente importante e que está ocorrendo não somente em um ou outro país, mas em todo o mundo.

Força Econômica

O segundo ponto que gostaria de enfatizar é que o Terceiro Setor emergente da revolução associativa global resultou, também, de importantes recursos financeiros, transformando-se em uma força econômica. Para tentar compreender melhor isso, lançamos, há oito ou dez anos, um grande projeto de pesquisa da Universidade John Hopkins, em colaboração com colegas de todo o mundo. O projeto está agora funcionando em quarenta países. O Brasil foi um dos primeiros a ser envolvido, com a professora Leilah Landin, no Rio de Janeiro.

O projeto é feito em estilo colaborativo, usando parceiros locais. Seu propósito é múltiplo, mas tínhamos como objetivo principal simplesmente tentar entender, em um sentido descritivo, o foco e a escala do Terceiro Setor que emerge no mundo. O fato é que a informação sobre ele está, em grande parte, faltando. É o continente invisível na área social de nosso tempo. Continente invisível: sabemos que está lá, mas ninguém, realmente, conhece seu tamanho ou seus contornos. Nós buscamos entendê-lo, e o que descobrimos foi bastante surpreendente. Por exemplo, constatamos que, nos 26 países em que coletamos dados em 1995 (hoje já abrangemos quarenta países), as organizações tinham despesas de cerca de 1 trilhão de dólares e empregavam 90 milhões de pessoas pagas, ou seja: um a cada vinte trabalhadores nos países pesquisados.

Se o Terceiro Setor desses 26 países formasse um único país, ele seria a sexta maior economia do mundo, apresentando um PIB maior do que o do Reino Unido e logo atrás do da França, sexta maior economia do mundo!

As organizações pesquisadas empregavam mais pessoas do que a soma das maiores empresas daqueles países. Então, se agregarmos os empregos da GM nos EUA e da Hitachi no Japão, somados à maior empresa da França e à maior empresa do Reino Unido, e aplicarmos essa fórmula para todos os 26 países, chegaremos a um número de três milhões de empregados integralmente pagos, comparados aos 90 milhões das organizações sem fins lucrativos.

> ***Esses grupos podem chamar a atenção da área pública para problemas não resolvidos.***

Estamos falando de uma enorme força econômica. Nós temos dados da Argentina, onde as organizações não-governamentais empregam mais pessoas do que as cem maiores empresas. Em muitos outros locais que examinamos, o Terceiro Setor emprega mais gente do que a indústria têxtil, de impressão ou a química. É uma enorme força econômica. Os números referem-se só às equipes remuneradas. De acordo com nossas estatísticas, mais de 11 milhões de voluntários são mobilizados em turno integral pelo setor sem fins lucrativos. É uma força de trabalho equivalente a 30 milhões nesses 26 países, apesar das variações de local para local.

Esse não é um fenômeno apenas americano, apesar de algumas pessoas projetarem esta imagem. Não é uma invenção americana, nem os Estados Unidos têm o maior setor sem fins lucrativos. Nós identificamos quatro países que têm o Terceiro Setor proporcionalmente maior do que o dos Estados Unidos: Holanda, Bélgica, Irlanda e Israel. Na Holanda, cerca de 19% a 20% da força de trabalho atua nesse setor. Quando fizemos nosso estudo, na década de 90, a América Latina, nessa esfera, estava atrás dos países desenvolvidos. Acredito que 2% da força de trabalho não-agrícola da América Latina, como regra geral, estava empregada em organizações não-governamentais. Mas hoje estamos convencidos de que tal número aumentou.

O segundo ponto a ressaltar é que não estamos descrevendo uma pequena porção da economia desses países. Estamos falando de uma força de trabalho muito significativa, que precisa ser reconhecida pelo que é. O Terceiro Setor não tem que ser defensivo em suas conversas com a comunidade de negócios. É um grande empregador e um grande criador de receita tributária. Está inserido na economia de forma significativa, muito mais do que pensamos.

Relações com o Governo

O terceiro aspecto a enfatizar é que, pela escala, esse setor não pode ser considerado como um substituto para o governo. A idéia de que a sociedade civil pode substituí-lo é um dos grandes erros ideológicos de nosso tempo. O fato é que onde o setor sem fins lucrativos se fortaleceu, o fez com a ajuda do governo, não em oposição a ele, ou como seu substituto. Nos 26 países nos quais coletamos os dados mais detalhados, incluindo cinco na América Latina, o governo contribui, em média, com 40% da receita do setor. Em contraste, a contribuição de indivíduos e corporações representa 10% da receita. Isto é, o governo representa quase 40% da receita dessas organizações, enquanto a filantropia representa 10%, em média. Mesmo quando se incluem voluntários, e não apenas dinheiro, como filantropia, ela ainda está em terceiro lugar, com 28% da receita total, comparada a 31% do governo e 41% de aportes privados.

Na verdade, os países com setores sem fins lucrativos mais fortes são aqueles onde o apoio do governo é mais substancial. É o caso dos chamados estados de bem-estar social da Europa Ocidental, que são parceiros de bem-estar. Lá os estados foram mobilizados como captadores de recursos para o Terceiro Setor, gerando quantidades significativas de receita. Mais da metade de toda a renda do setor sem fins lucrativos da Europa Ocidental vem do governo. E mesmo nos Estados Unidos, geralmente tidos como o país com uma das maiores taxas de filantropia, o apoio do governo equivale a 30% do total, o que é quase três vezes mais do que a receita que chega ao Terceiro Setor americano pela filantropia.

Em contraste, na América Latina, esse número chega a 15%, inferior aos 55% da Europa Ocidental e aos 30% dos Estados Unidos. É um retrato muito diferente. Não é o caso de utilizar fundos do governo para pagar funcionários do Terceiro Setor com exclusão de esforços voluntários, mas de reconhecer que, de acordo com dados coletados, *quanto maior o gasto do governo com bem-estar, maior o índice de voluntariado*.

O voluntariado não é simplesmente um ato individual. Não é algo que os indivíduos fazem simplesmente por sua própria iniciativa. Isso é apenas uma parte. O voluntariado é também um ato social. As pessoas devem ser solicitadas a voluntariar-se, e o voluntariado precisa ser estruturado para ser efetivo. Isso significa que o voluntariado deve ser solicitado onde as organizações sem fins lucrativos estão mais aptas a estimulá-lo. É isso exatamente o que descobrimos. Quanto maior o pagamento de trabalho para o Terceiro Setor no país, maior o voluntariado. Parece um paradoxo, mas está de acordo com os dados.

Em suma, quanto mais ajuda do governo, mais organizações, e quanto mais organizações, mais voluntariado. Então o terceiro ponto é o seguinte: não vamos cair na armadilha ideológica de ver o Terceiro Setor e o Governo como alternativas isoladas, mas, ao contrário, há evidência de que eles se desenvolvem em parceria.

Desenvolvimento de Soluções

O quarto ponto que desejo enfatizar é sobre a contribuição que essas organizações fazem à promoção do desenvolvimento humano, a qual vai muito além dos serviços que oferecem, utilizando funcionários pagos ou voluntários. Outras funções cruciais são desenvolvidas por essas entidades que fazem a defesa da organização comunitária. As instituições do Terceiro Setor não são apenas prestadoras de serviços, mas cumprem uma variedade de funções significativas: dão expressão a valores culturais, religiosos, éticos e políticos, o que é uma de suas missões mais importantes. São particularmente hábeis para trazer à atenção pública problemas esquecidos. Assim, podem servir como consciência social de uma nação. E isso pode causar desconforto para as pessoas no poder, é claro, mas as sociedades livres, mais cedo ou mais tarde, entendem o valor dessas organizações no desenvolvimento de soluções aos problemas reais, antes que saiam de controle, o que não precisa tomar a forma de demonstrações de rua, necessariamente.

Um dos exemplos mais bem-sucedidos na defesa das crianças, nos Estados Unidos, tem a forma de um livro, *Kids Count*. Trata-se de uma compilação anual de artigos sobre a situação das crianças que, na superfície, parece apenas um resumo de fotos e números, mas, nas mãos de defensores da infância, torna-se muito poderosa e chama nossa atenção para problemas e possíveis soluções.

Instituições da sociedade civil são importantes instrumentos de atribuição de poder e de organização. Elas ajudam as pessoas a reconhecerem suas próprias forças, a responsabilizarem-se por suas vidas e a sentirem-se orgulhosas. São entidades de atribuição de poder e de viabilização de ações. Nesse processo, as organizações constroem o que foi chamado pela literatura de "capital social", um capital não humano. Não são as habilidades que as pessoas carregam consigo, nem capital financeiro, nem capital físico representado por prédios, por exemplo, mas *capital social*, isto é, os elos de reciprocidade e de confiança que existem entre as pessoas.

É amplo o entendimento de que o mercado e a democracia dependem, fundamentalmente, da construção do capital social. E essa é uma das funções cruciais do Terceiro Setor. Em síntese, não devemos focar, exclusivamente, apenas a função de serviço dessas organizações. As funções expressivas são tão importantes quanto, particularmente, as funções de defesa de causa e de atribuição de poder.

Considerando todo o dinamismo que tem demonstrado em tempos recentes, o Terceiro Setor continua sendo um organismo um tanto quanto frágil, em praticamente todos os países do mundo, incluindo os Estados Unidos. É vulnerável às ameaças externas e ainda não é suficientemente apreciado na maior parte do mundo, até mesmo por seus apoiadores. O que nos leva ao quinto ponto: o sucesso da revolução associativa global, a potencial contribuição que pode nos dar, ainda está longe da costa, longe de ter definido seu ponto de chegada, pois os desafios que o setor enfrenta são múltiplos.

Há, primeiramente, o desafio da legitimidade, o fato de que a informação sobre o Terceiro Setor permanece altamente fragmentada e incompleta, que o conhecimento do público é mínimo, que as estruturas legais no mundo não são muito apoiadoras. Há desafios éticos e de credibilidade, aos quais o setor ainda não reagiu completamente. Há o desafio da efetividade, o fato de que o treinamento de seus líderes ainda está em sua infância, e de que as instituições de apoio que essas organizações necessitam para sua causa ainda estão por se desenvolver. Dada a responsabilidade social que as organizações sem fins lucrativos estão assumindo, precisamos aperfeiçoar esse campo. Necessitamos oferecer treinamento ao pessoal do Terceiro Setor, assim como ao pessoal de negócios e do setor público.

Outro desafio crítico é o da sustentabilidade. Como manter essas organizações e o seu trabalho em termos financeiros e humanos? Isso vai exigir um aumento da filantropia, mas essa deve ser apenas uma parte do todo. Como anteriormente comentado, a filantropia não pode manter o Terceiro Setor sozinha, em nenhum lugar do mundo. Portanto, não podemos esperar que o faça aqui no Brasil. Então, outro apoio será necessário, incluindo, particularmente, o setor público.

Há o desafio da parceria, no qual é preciso conectar organizações da sociedade civil a outros importantes atores sociais, como governo e negócios. Essas entidades têm contribuições fundamentais a dar, mas não podem resolver os problemas sozinhas.

Finalmente, surge o desafio de preservar sua missão fundamental e seu propósito: preservar sua presença como uma voz em favor da justiça, em comunidades de todo o mundo, e em seu país, particularmente. As pressões que ocorrem para a sustentabilidade estão empurrando as organizações cada vez mais para o mercado, onde a tensão entre sua identidade e sua sustentabilidade é posta à prova. À frente de todos está o desafio de como manter o equilíbrio entre o que elas fazem para se sustentar e sobreviver e o que precisam fazer para assegurar sua identidade e sua contribuição particular para o valor da justiça.

Acredito que estejamos em uma encruzilhada histórica em relação a esses desafios e que precisamos trabalhar neles. Recentemente, convencemos a ONU a adotar uma nova abordagem para coletar estatísticas econômicas no Terceiro Setor, o que está sob controle das agências econômicas de cada país. Esperamos que os ativistas encorajem seus governos a adotar os novos procedimentos. Assim, vão trazer o setor para a luz, vão dar visibilidade a ele, criar um novo entendimento sobre escala e tamanho, e vão nos dar uma base para mapear seu desenvolvimento, crescimento ou declínio do voluntariado e das doações nos países no mundo.

> *O Capital Social é formado por elos de reciprocidade e confiança entre as pessoas.*

Além disso, temos que focar na educação e no treinamento do pessoal. É uma alta prioridade. No Brasil houve um progresso significativo, mas ainda é apenas uma parte do avanço necessário. Devemos nos esforçar para intensificar a mobilização dos parceiros que, ao final, farão a diferença.

Isso nos traz ao último ponto. Creio que identificamos a necessidade de um novo paradigma no mundo, uma nova abordagem para os problemas que enfrentamos, e os assuntos de desenvolvimento humano estão em nossa agenda. Dois paradigmas dominaram nosso pensamento até agora. Um é o foco na aliança com o mercado e o outro com o Estado. Porém, acho que aprendemos, nos últimos vinte ou trinta anos, que nenhum desses modelos é adequado. O modelo do mercado, apesar de sua recente e surpreendente recuperação, vem, essencialmente, da grande depressão de 1929. Já o modelo do setor público caiu com o Muro de Berlim. Hoje, porém, não criamos um paradigma alternativo para substituir os dois. Entre os ativistas, existe o risco de avançar o Terceiro Setor e confiar exclusivamente nele. Entretanto, não estou convencido de que esta seja a solução correta. Sem negar as contribuições que a sociedade civil pode dar, devemos desconfiar do que este ou qualquer setor isolado pode fazer. Devemos ter cuidado com políticas de governo que nos levem nessa direção. O fato é que, como aprendemos nos últimos cem anos, problemas como a distribuição da riqueza ou questões ambientais são muito complexos para um só setor resolvê-los. Se quisermos progredir na solução desses problemas, os recursos e a capacidades de todos os setores deverão ser mobilizados.

Cura para as Divisões

O paradigma apropriado para responder aos problemas no século XXI é o da parceria e da política de colaboração, formas de atingir um progresso mútuo. Todos os nossos atos e sonhos são pontes construídas para superar a distância e nos reunir com o mundo e com nossos companheiros. A vida de cada pessoa e a história coletiva da humanidade parecem uma tentativa para recriar a situação original, uma interminável cura para nossa condição dividida. Encontrar uma cura para isso é a tarefa central, não só de indivíduos, mas de sociedades inteiras. Certamente é a chave para resolver os problemas de desenvolvimento humano que enfrentamos. Eu sugeriria que este é o verdadeiro significado do termo sociedade civil, que tanto ouvimos hoje. Uma sociedade civil não como um setor, como um grupo particular de instituições, mas como uma relação entre os setores, de colaboração e apoio mútuo. Uma sociedade civil como a união de três setores: Governo, Mercado e Terceiro Setor, em que esses encontram maneiras de trabalhar juntos para o bem público.

Não é um futuro fácil de se imaginar, mas é o que oferece a melhor perspectiva. Então, se você realmente quer contribuir para o desenvolvimento do Terceiro Setor no século XXI, com todas as múltiplas causas e desafios que isso representa, construir tais colaborações, criar tais organizações civis parece ser o lugar para começar.

A ética é a capacidade de criar e escolher uma forma de viver, que consiste em fazer possível a vida digna para todos.

Bernardo Toro

O que passa pela cabeça de uma pessoa diagnosticada como esquizofrênica? E se esta pessoa for também pobre e alijada do mercado de trabalho? Guido Edmundo Callegari não pensava nesse tipo de coisa quando começou a buscar quem tivesse interesse pelas oficinas de literatura que estava disposto a ministrar, como voluntário, depois de aposentar-se. Desejava apenas compartilhar seu gosto pelas letras e manter-se coerente com seus valores, pois sempre achou "inaceitável que uma pessoa com boas condições de vida e de tempo não se envolva com a comunidade".

Não foi curto o caminho que o levou à Agafape, associação de familiares de pacientes esquizofrênicos, e que finalmente o colocou em uma mesa de estudos junto a oito pessoas com diagnóstico de esquizofrenia, diferentes níveis de escolaridade e idade variando entre os 20 e os 70 anos. Examinou seus alunos, com quem teria encontros regulares durante os próximos meses. Pareciam apáticos, inibidos. Mesmo assim, explicou-lhes como seria a oficina. Um deles finalmente rompeu o silêncio do grupo, perguntando:

– Aonde o senhor quer chegar com isso?

Guido considerou a questão e, com sinceridade, respondeu:

– Eu, a lugar nenhum. Vocês que coloquem no papel suas emoções, os sentimentos em relação ao mundo, o que passa pela cabeça de vocês.

Começou ali a desenvolver a habilidade de ficar atento a mudanças de comportamento imprevisíveis e a reformular todo o projeto de sua oficina. Propôs-se a ouvi-los, a incitá-los a escrever quando lhe contavam o que haviam sonhado à noite, a "não denunciá-los quando alucinavam". No final de dois anos, o número de participantes havia dobrado, e os Fragmentos Literários que produziram foram reunidos por Guido em um livreto, onde não são poucas as pérolas:

Uma ocasião, faltou luz no hospital.
As mulheres grávidas estavam
dando à luz nas trevas. (João Batista)

Na aula, eu cobro a palavra do professor.
Aprender melhora o cérebro. (Ricardo)

No porão existe obscuridade,
como a luz que nos falta. (Marinês)

Como tantos outros voluntários, Guido acha que talvez tenha aprendido mais do que ensinado. Através dos textos dos alunos, desenvolveu uma nova compreensão sobre o que é viver com diagnóstico de doença mental. Ele, que tinha restrições ao que encontrou na Parceiros Voluntários quando se engajou, está convencido de que "esse trabalho mostra o que uma ONG pode fazer por uma comunidade".

Na reunião de fragmentos, os oficineiros se revelam. Ernando, a quem Guido descreve como "um leitor atento, que se converteu em escritor sensível a cada momento que o mundo lhe ofereceu como dádiva", compôs uma história curta em que o personagem, um homem que conseguiu realizar seus sonhos, decide reunir todos os seus recursos para realizar sonhos alheios. O impulso para agir chega a este homem através de um livro. É nas palavras de um poeta, Keats, que ele encontra a motivação decisiva:

"Espalhei meus sonhos pelo caminho.
Cuidado! Não vá pisar neles."

TEREZINHA AZERÊDO RIOS

TEREZINHA AZERÊDO RIOS é formada em Filosofia pela UFMG, com mestrado em Filosofia da Educação na PUC-SP e o doutorado em Educação na USP. É professora do Departamento de Teologia e Ciências da Religião da PUC-SP e do Mestrado em Educação do Centro Universitário Nove de Julho. É autora dos livros *Ética e Competência* e *Compreender e ensinar – por uma docência da melhor qualidade* (ambos da Cortez Editora) e *Filosofia na escola – o prazer da reflexão*, em parceria com Marcos Lorieri (Editora Moderna).

A ÉTICA COMO FUNDAMENTO DA AÇÃO SOCIAL TRANSFORMADORA

CAPÍTULO II

TEREZINHA AZERÊDO RIOS

T*oda ética digna desse nome parte da vida e se propõe a reforçá-la, a torná-la mais rica.* (Fernando Savater)

O objetivo deste texto é propor uma reflexão sobre a presença da ética como elemento fundamental nas ações e relações dos indivíduos e dos grupos, quando estes se propõem a construir a história e a cultura com um sentido libertador.

Julgo necessário, em primeiro lugar, apontar o que se tem entendido por ética no nosso contexto social.

Luiz Alfredo Garcia-Roza, filósofo, psicanalista e escritor carioca, num de seus romances, intitulado *Uma janela em Copacabana*, refere-se ao desgaste e à banalização de alguns conceitos, no uso que se faz deles. Mencionando um treinamento de policiais, feito por uma psicóloga, ele diz: "A moça usava a palavra 'psicologia' como usava batom: para enfeitar a boca". É o que tem acontecido com a ética – freqüentemente seu nome tem sido "usado em vão", destituído de seu significado originário.

Falar em significado originário não quer dizer que há uma única concepção de ética ou que ela não tenha um caráter histórico. Exatamente porque são variadas as concepções, quero explicitar aquela que utilizo. Busco fundamentá-la recorrendo a alguns pensadores que têm me auxiliado em meu percurso, no caminho da filosofia da educação.

É no espaço da filosofia mesmo que se abriga a ética. A filosofia se caracteriza como *busca amorosa da sabedoria*, do saber amplo e aprofundado. Requer, portanto, uma *atitude crítica* diante da realidade. Procura, ao voltar-se para seus objetos, vê-los com clareza, com profundidade e com abrangência. Não se ancora em certezas. Ao contrário, seu espaço é o da dúvida, da interrogação constante, do questionamento, da pergunta pelo fundamento, pelo sentido. O esforço filosófico é um esforço de *compreensão*, que procura ir além da explicação de caráter "utilitário e funcional", como afirma Santos (1996:17).

> ***O trabalho social voluntário tem a responsabilidade de trazer uma resposta à indagação ética.***

Guimarães Rosa nos diz que "*A cabeça da gente é uma só e as coisas que há e que estão para haver são demais de muitas, e a gente tem de necessitar de aumentar a cabeça, para o total*". Olhar criticamente significa procurar "aumentar a cabeça, para o total". Implica, portanto, uma atitude humilde e corajosa. *Humilde*, no sentido de reconhecer nossos limites – só quem reconhece que não sabe, que há ainda muito por ser conhecido, que "as coisas que há são demais de muitas", empreende uma busca no sentido de ampliar seu saber. E *corajosa*, porque sempre tende a enfrentar perigos, ameaças. O olhar crítico desvenda, aponta coisas que podem nos incomodar, nos desinstalar, nos exigir mudanças que não desejamos ou para as quais muitas vezes não estamos preparados.

Ao definir a ética como uma atitude crítica, já a distinguimos da moral. Esta distinção é importante porque, embora os conceitos estejam estreitamente articulados, ética e moral são campos diferenciados. Enquanto a moral se define como o conjunto de valores, regras e normas que dirigem as ações dos indivíduos em sociedade, a ética se apresenta como uma reflexão crítica sobre a moralidade. É como um gesto reflexivo que ela se abriga no terreno da filosofia.

A moral está sempre presente nas ações e relações dos indivíduos e grupos – não há sociedade que não estabeleça uma forma de conduta para seus membros. Temos uma *conduta moral* quando nos posicionamos em relação às imposições que nos traz a sociedade, dizendo sim ou não, obedecendo ou desobedecendo, escolhendo uma direção para nosso agir.

A idéia de escolha, e de conseqüente compromisso, aproxima a moral da política. Tomamos decisões num contexto organizado de uma determinada maneira, que nos solicita um posicionamento – devemos tomar partido. É essa a natureza do ato político: tomar partido (que é muito diferente de pertencer a um partido). Como afirma Heller (1982:55), "tomar partido significa não ficar indiferente em face das alternativas sociais, participar e produzir em relação com toda a vida civil e social". No gesto político há sempre a afirmação de uma vontade, que implica responsabilidade. Somos responsáveis – respondemos e nos comprometemos. O compromisso é próprio dos seres humanos

– só eles podem prometer, com-prometer. E cumprir a promessa. Ou não cumpri-la. Mesmo o que se chama de não-compromisso é, na verdade, uma forma de compromisso.

A política diz respeito tanto às vivências de caráter privado, na instância da intimidade dos indivíduos ou dos grupos, quanto ao poder de participação na esfera pública. No espaço da vida pública, afirma Arendt (1993:102), os seres humanos "atingem sua plena realidade como homens, porque não apenas são (como na privacidade da casa); também *aparecem*". Na verdade, mesmo quando estamos sós, temos como referência a nossa relação com os outros e a ação que desenvolvemos conjuntamente.

Agimos moralmente. Mas nem sempre realizamos uma *reflexão ética*. Nem sempre buscamos verificar a consistência dos valores, os fundamentos das ações. E é disso que temos sentido falta nas sociedades contemporâneas. A pergunta da moral é: *o que devemos fazer?* A resposta nos é dada, de certa forma, nos códigos, formalizados ou não, em que se encontram as regras, as normas, as leis. A pergunta da ética é: *como queremos viver?* (Comte-Sponville, 1999). Aqui, a resposta aponta para aquilo que chamamos de *vida boa,* espaço de afirmação dos direitos de todos, de construção do bem comum.

Devemos ter cuidado ao fazer referência ao bem comum, porque essa expressão está muito marcada ideologicamente. Alguns conceitos têm sido "apropriados indevidamente" por algumas concepções, algumas ideologias presentes na sociedade. No discurso liberal, ou neoliberal, encontramos a referência constante ao bem comum e à cidadania. Indagamos, então, o que é o bem comum numa sociedade marcada pela desigualdade, na qual a elite dominante traz para as políticas a sua concepção – será que o que ela denomina "bem comum" corresponde efetivamente àquilo de que a sociedade tem necessidade?

Utópico não é aquilo cuja existência é impossível, mas é o que ainda não existe.

Na verdade, ao se falar em atendimento às necessidades, muitas vezes se levam em consideração apenas necessidades *imediatas*, ditadas pela ideologia. Às vezes o que é chamado de bem comum é, na verdade, algo que vai ao encontro de interesses particulares. Uma visão crítica nos fará voltar às necessidades *concretas* dos grupos sociais.

Por seu caráter histórico, as sociedades humanas estão sempre em transformação. É preciso pensar, entretanto, no *sentido* – no seu duplo sentido, de *significado* e de *direção* – dessa transformação. Qual é a intencionalidade presente na conduta dos indivíduos? Em que bases ela se sustenta? Nem sempre o compromisso moral se dá na direção do horizonte que nos aponta a ética. Por isso, é preciso que cuidemos para que esse compromisso esteja fundamentado nos princípios éticos: o respeito, a justiça, a solidariedade.

Essa é uma questão importante quando nos referimos ao trabalho voluntário. Até que ponto algumas ações não estão indo apenas na direção de um assistencialismo, que não considera a potencialidade dos indivíduos e dos grupos e que pretende apenas ganhar visibilidade numa perspectiva de adequação às imposições do mercado? O trabalho social voluntário tem a responsabilidade de trazer uma resposta à indagação ética. Na pergunta "como queremos viver?" está guardado um desafio em relação às *condições concretas* que se devem criar para a *vida boa*, que é direito de todos. Se a ação voluntária está fundada em princípios éticos, ela terá condição de ajudar a produzir novas perspectivas de convivência, novas posturas em relação ao desafio que se coloca a partir dos sérios problemas que enfrentamos cotidianamente na sociedade contemporânea. 1

O outro nome do bem comum é *felicidade*. Também quando nos referimos à felicidade, corremos o risco de esvaziar sua significação. Ao trazê-la como sinônimo de bem comum, quero buscar o sentido que lhe deu Aristóteles, quando a denominou de *fim último da vida dos homens em sociedade*. Ela se aproxima do ideal de cidadania, de possibilidade de participar ativa e concretamente da vida social. De ser reconhecido pelos outros, poder dizer a sua palavra, construir, efetivamente, no coletivo, a cultura e a história.

Falamos em caminhar na direção de um mundo mais humano. Na verdade, não há mundo *mais* ou *menos* humano. Há o nosso mundo humano, o mundo que *nós fazemos* humano. A humanidade pode ser reconhecida na ação de cada ser humano. Tanto no gesto grandioso, generoso, quanto no ato degradante, aviltante. O grande desafio, vale repetir, é construir o humano na medida dos princípios éticos, construir uma sociedade, um mundo em que identidade e alteridade, diferença e igualdade se estabeleçam e se afirmem a cada momento.

Aponta-se um desafio porque não estão dadas todas as condições para a construção da vida boa. Trata-se de descobrir algumas delas e de inventar, de criar outras. O que se requer é uma *perspectiva utópica*, no sentido, por um lado, de conhecimento claro das características do presente, dos limites que nos tolhem e, ao mesmo tempo, das possibilidades, das alternativas que devemos construir para a superação dos problemas e, por outro, da mobilização concreta, por meio do trabalho, da convivência solidária, para que nosso mundo tenha a configuração que julgamos efetivamente humana, construída por nosso desejo e empenho.

Santos (1995:78) afirma que "a utopia é a exploração de novas possibilidades e vontades humanas, por via da oposição da imaginação à necessidade do que existe, só porque existe, em nome de algo radicalmente melhor que a humanidade tem direito de desejar e por que merece a pena lutar".

No espaço da utopia, reencontramos a incerteza. Mas também a esperança. Utópico não é aquilo cuja existência é impossível, mas é o que *ainda não* existe e em direção ao qual temos que nos mobilizar. Galeano (1999:328) nos diz: "Em língua castelhana, quando queremos dizer que ainda temos esperança, dizemos: abrigamos a esperança. Bela expressão, belo desafio: abrigá-la, para que não morra de frio nas implacáveis intempéries dos tempos que correm".

Essa é lição que temos que aprender,
no mundo complexo e desafiador em que vivemos.
Não se trata de ficar à espera.
O verbo é esperançar.

Referências bibliográficas:

ARENDT, Hannah. *A dignidade da política*. Rio de Janeiro, Relume-Dumará, 1993.

COMTE-SPONVILLE, André & FERRY, Luc. *A sabedoria dos modernos*. São Paulo, Martins Fontes, 1999. 1

GALEANO, Eduardo. *De pernas pro ar: a escola do mundo ao avesso*. Porto Alegre, L&PM, 1999.

GARCIA-ROZA, Luiz Alfredo. *Uma janela em Copacabana*. São Paulo, Companhia das Letras, 2001.

GUIMARÃES ROSA, João. *Grande Sertão: Veredas*. Rio de Janeiro, José Olympio, 1965.

HELLER, Agnes. *Para mudar a vida – felicidade, liberdade e democracia*. São Paulo, Brasiliense, 1982.

RIOS, Terezinha A. *Ética e competência*. São Paulo, Cortez, 1993.

________*Compreender e ensinar – por uma docência da melhor qualidade*. São Paulo, Cortez, 2001.

SANTOS, Boaventura de Sousa. *Um discurso sobre as ciências*. Porto, Edições Afrontamento, 1996.

________ *Pela mão de Alice – o social e o político na pós-modernidade*. Porto: Edições Afrontamento, 1995.

SAVATER, Fernando. *Ética para meu filho*. São Paulo: Martins Fontes, 1992.

O outro nome da paz é
o desenvolvimento. Como existe
a responsabilidade coletiva
de evitar a guerra, do mesmo modo
há a responsabilidade coletiva
de promover o desenvolvimento.

Papa Paulo VI

Dizem que o bairro Restinga é fruto de um tempo em que administradores municipais achavam boa política deslocar os bolsões de pobreza para bem longe do coração da cidade. Contam que a Restinga teve início quando algumas centenas de favelados foram conduzidos a uma área até então rural, no extremo sul de Porto Alegre. Como não houvesse no local nem emprego nem estrutura, e como as tentativas de desenvolvê-lo ao longo dos anos não se firmassem, a Restinga tornou-se um bairro-dormitório. Seus habitantes ainda assim constituíram uma comunidade, que vive um paradoxo: eles buscam no próprio sentimento de exclusão a força para construir sua identidade, seu bem-estar material e sua auto-estima.

Os fatos históricos podem não ser exatamente estes, mas é a história que se fixou no imaginário da população local, conforme relata Marlene Álvares de Oliveira, presidente da jovem Associação de Produção e Desenvolvimento da Restinga, a Aproder, que surgiu da união de quatro feirantes e agora soma mais de sessenta participantes. Marlene e seu braço-direito, Angélica Maria Faraco, dão conta de uma lojinha de lanches e artesanato, no Terminal de Ônibus da Restinga, de onde se avista uma área de terras que em breve abrigará o prédio do centro profissionalizante, com ateliers de artesanato, costura, marcenaria, nutrição, auditório e creche para os filhos dos associados- aprendizes.

A Aproder e seu ambicioso projeto, já em fase final de tramitação nas esferas legais, evoluíram a partir de uma experiência inicial de fracasso – os feirantes não tiveram condições de manter o espaço que a prefeitura lhes havia providenciado no Mercado Público do centro de Porto Alegre. Ao se conscientizarem de seu despreparo, ao invés de desanimar, os feirantes da Aproder deram início a uma busca por capacitação e recursos, que os levou a tecer uma rede de apoios, que por sua vez está vitalizando toda a comunidade da Restinga. Este processo foi incrementado em 2004, quando a Aproder conveniou-se à Parceiros Voluntários. De saída isto significou acesso a ferramentas de gestão e aproximação com um escritório de advocacia, o Della Giustina, Hoffmann Et Vianna de Souza, que se propôs a trabalhar voluntariamente com a Associação.

– Nós estávamos tocando uma iniciativa sem ter noção do que

era necessário para que ela funcionasse realmente – explica a presidente da Aproder. – Desconhecíamos coisas fundamentais, como capacitação, visão organizacional e jurídica. A Associação só tinha estatutos. Hoje temos regimento interno, que nos dá clareza junto aos próprios associados. Foi organizado pelos advogados voluntários. Eles têm sido bárbaros, eles é que nos procuram para avisar sobre providências que temos de tomar. No fim de 2006, por exemplo, o doutror Lucas me ligou para avisar sobre uma mudança de lei que tornava necessária a atualização do regimento da Aproder. Enquanto outros tiveram de correr para não perder o prazo, nós de saída já ficamos em dia. É de parceiros assim que a gente precisa.

E bons parceiros não lhes têm faltado. A ESPM, Escola Superior de Propaganda e Marketing, produziu a programação visual da Aproder, que em breve terá um site na internet. A Universidade Federal do Rio Grande do Sul garantiu o projeto arquitetônico do centro profissionalizante, além de consultoria para um processo de planejamento estratégico. E, à medida que a Aproder consegue manifestar uma crescente clareza em suas propostas, a presidente Marlene percebe maior aceitação das reivindicações que apresentam, nas mais diversas esferas:

– Descobrimos o poder da reivindicação embasada. Falar é uma coisa, mostrar é outra, por isso precisamos tanto de projeto e de gerenciamento. A partir da Associação já conseguimos colocar o desenvolvimento econômico da Restinga no Orçamento Participativo do município. Agora temos uma rede atuando aqui: Parceiros Voluntários, UFRGS, ESPM, Emater, Metroplan, Secretaria Municipal da Indústria e Comércio, Departamento Municipal de Limpeza Urbana, empresas de ônibus, Empresa Porto-Alegrense de Transporte e Circulação e outros que estamos buscando. Porque vamos precisar de mais parceiros. Queremos nos profissionalizar, queremos chamar atenção. A comunidade acordou, a Restinga não quer mais ser dormitório. A Restinga quer ser uma comunidade auto-sustentável.

Marlene Álvares de Oliveira,

que foi entrevistada em maio de 2006, teve sua casa na Restinga invadida e foi executada na madrugada de 12 de janeiro de 2007. Até o fechamento da edição deste livro, a autoria e os motivos do bárbaro homicídio de que Marlene foi vítima eram desconhecidos. (N.E.)

WANGARI MAATHAI E O GBM

Em 2004, ela recebeu o Prêmio Nobel da Paz. Em 2005, a revista *Time* incluiu seu nome na lista das cem pessoas mais influentes do mundo, enquanto a *Forbes* a designava como uma das cem mulheres mais poderosas do planeta. Membro destacada de diversos organismos internacionais, a exemplo do Conselho de Desarmamento da Secretaria Geral das Nações Unidas, Wangari Muta Maathai nasceu em um aldeia da etnia *kikuyu* do Quênia, em 1940, quando o país ainda estava sob domínio colonial inglês.

Foi a primeira mulher da região leste e centro-africana a conquistar um doutorado, que obteve nos Estados Unidos, após se graduar em Ciências Biológicas. Avançou seus estudos de mestrado na Alemanha e no próprio Quênia, na Universidade de Nairobi, titulando-se com um Ph.D. Foi presidente do Conselho Nacional de Mulheres do Quênia, ao qual se ligou em 1976. Seu pioneirismo e sua militância custaram-lhe perseguição política e pessoal, com passagens por prisões. O Quênia viveu sob asfixiante regime ditatorial desde o fim do domínio inglês, em 1963.

Em 2002, na primeira eleição livre em décadas, Maathai foi eleita para o Parlamento e em seguida levada a atuar no Ministério do Meio Ambiente. Mosaico de culturas e etnias – mais de setenta grupos tribais vivem no Quênia –, o país luta contra a fome e busca normalidade democrática. O voto não é obrigatório, e o eleitorado abrange apenas um terço da população.

Wangari Maathai começou a desenvolver o conceito do plantio de árvores como solução social e ecológica em 1976, instituindo este trabalho com a criação, no ano seguinte, do *Green Belt Movement* (GBM), organização popular voluntária que atua com comunidades locais em todo o Quênia, para proteger e restaurar áreas florestais. O GBM soma mais de 6 mil grupos, a maioria deles liderados por mulheres.

Além de implantar viveiros e cultivar árvores em terras públicas e privadas, atividade que provê renda e sustento a milhões de pessoas, o Movimento promove campanhas de conscientização sobre direitos das mulheres, organização da sociedade civil e educação ambiental em toda a África. Informações sobre metodologia estão disponíveis no *site www.greenbeltmovement.org.*

Cidadãos comuns e o poder das atitudes

CAPÍTULO III

WANGARI MAATHAI
Depoimento

As experiências pelas quais se passa como criança e como jovem confluem para transformar-nos na pessoa que finalmente seremos. Estou certa de que crescer no meio rural do Quênia, em uma região verde e fértil, tendo as florestas diante dos meus olhos, formatou em mim a idéia sobre a aparência que deveria ter o meio rural. Eu tinha acabado de ingressar na idade adulta quando fui para os Estados Unidos da América, onde passei cinco anos e meio. Quando retornei ao Quênia, o país tinha se tornado independente. Tinha introduzido culturas comerciais que eu desconhecia quando cresci, e estávamos então derrubando grande quantidade de árvores, especialmente nas áreas florestais. Estas foram imagens que me fizeram olhar para o passado e lembrar do que eu havia visto quando criança.

Fundei o GBM – *Green Belt Movement** – em resposta a desafios ambientais que observei durante minha infância e enquanto trabalhava na Universidade de Nairóbi e no Conselho Nacional de Mulheres do Quênia. O GBM foi parcialmente inspirado pelo fato de que, por volta de 1975, no México, as mulheres estavam tendo seu primeiro encontro mundial (a Conferência de Mulheres das Nações Unidas), que estabeleceu a Primeira Década das Mulheres e desencadeou um revolucionário movimento internacional. No Quênia, as mulheres ressentiam-se de carências muito básicas, necessidades que estavam a descoberto porque vi-

*Em português, algo como Movimento Faixa Verde, ou Cinturão Verde (N. E.)

viam em um ambiente em degradação. Assim, associando minhas observações com as queixas que as mulheres manifestavam, cheguei à conclusão de que precisávamos tomar uma atitude em relação ao ambiente. Os desafios incluíam perda de florestas nativas e da biodiversidade local, erosão dos solos, falta de água limpa para consumo, desnutrição causada por mudança de hábito alimentar e falta de lenha para uso doméstico. Dei-me conta de que viver em um ambiente limpo e saudável deveria ser um direito humano básico.

Plantar árvores parecia ser a ação possível, mesmo para pequenos agricultores. Ao plantar uma árvore consegue-se evitar a erosão e obter lenha. Plantando espécies frutíferas, consegue-se alimento. Obtém-se água fresca nas florestas, e conquista-se ar puro. A árvore é uma grande amiga do ser humano. Nunca encontrei nada tão maravilhoso quanto a árvore.

Decidi trabalhar com mulheres porque são elas que recolhem a lenha, vão atrás de água e comida e alimentam a família. A degradação ambiental é mais visível para elas do que para os homens, que sempre podem escapar para as áreas urbanas em busca de emprego e oportunidades. Às vezes os homens se perdem na selva urbana, mas as mulheres continuam cuidando de suas famílias, do melhor modo que podem. As mulheres que ficam para trás é que têm de lidar com aquele ambiente que já não é capaz de proporcionar sustento.

Tornou-se evidente para nós que as mulheres teriam de estabelecer viveiros de mudas e plantar árvores em suas propriedades, para preencher as carências que tinham, mas o maior desafio era fazê-las compreender que a degradação ambiental era apenas um sintoma e que elas precisavam conhecer a real origem do problema. A identificação das causas dos problemas tornou-se, assim, uma parte importante do nosso trabalho. Passaríamos a ter seminários onde nos faríamos as seguintes indagações básicas:

1. Quais são os problemas que constatamos em nossa comunidade?

2. Qual a origem desses problemas?

3. Quais são as soluções?

Precisávamos passar por esse processo elementar para que os participantes do movimento compreendessem que muitos dos problemas observados em nossas comunidades resultam de não tomarmos atitudes apropriadas, que freqüentemente nós mesmos somos a causa de nossas dificuldades e que muitos problemas podem ser resolvidos quando conseguimos acreditar em nós mesmos e conferir-nos poder. Ao realizar o trabalho do *Green Belt Movement*, um dos primeiros desafios encontrados foi o de que as pessoas tendem a querer adiar ações e decisões. A responsabilidade de informar as pessoas e de encorajá-las a agir é pesada. Esse processo tornou-se uma parte importante de nossa ação, e nós o denominamos *educação cívica e ambiental*.

Em nosso trabalho nas áreas rurais, freqüentemente são as mulheres pobres que vêm juntar-se a nós, porque o GBM transformou o plantio de árvores em uma fonte de receita. O Movimento concede uma compensação financeira (dez centavos de dólar) para cada muda plantada que se desenvolve. Este dinheiro é usado para preencher carências dos núcleos familiares, tais como alimentos, roupas, taxas escolares e utensílios domésticos. Entretanto, as mulheres tinham de compreender que precisavam cuidar do seu ambiente não apenas porque necessitavam do dinheiro, mas também porque era do seu interesse agir assim.

No começo, eu não via a conexão entre degradação ambiental e pobreza.

Quando comecei a trabalhar com a questão ambiental eu não pensava na questão da pobreza. Eu pensava unicamente no ambiente, e não via a conexão entre degradação ambiental e pobreza. Entretanto, rapidamente compreendi que as camponesas com quem trabalhava falavam de direitos básicos, e os que não usufruem de direitos básicos são os pobres. Já se disse que sempre haverá pobres, que talvez a pobreza nunca possa ser totalmente erradicada. O que sabemos com certeza, entretanto, é que podemos reduzir muito a pobreza desumanizadora, que nega aos seres humanos o senso de auto-respeito e dignidade.

O comitê norueguês do Prêmio Nobel da Paz quis passar uma mensagem ao mundo em 2004. Eu tive a honra e o privilégio de ser designada como ganhadora do Nobel e porta-bandeira, mas o que estava sendo reconhecido ali era o enorme contingente de indivíduos e organizações que, contínua e persistentemente, vinha demonstrando que existe uma forte ligação entre meio ambiente, governança e paz.

Justiça Ambiental e Boa Governança

Quando retornei ao Quênia, após alguns anos no exterior, fiquei perplexa com o rápido empobrecimento de nossas populações rurais. Especialmente depois do fim da era colonial, seria de esperar que tivessem se desenvolvido. Agora tinham chá, café, gado leiteiro, e eram governados por sua própria gente. Por que eram pobres em um país que tinha tanto a oferecer? Fiquei também curiosa sobre a razão por que pessoas que viviam em terras férteis, como as que conheci na minha infância, cercadas por montanhas florestadas e com generoso regime de chuvas, queixavam-se da falta de recursos que deveriam ser abundantes. O povo africano figura entre os mais pobres do mundo, mas a África é um dos continentes mais ricos, guarnecido com grandes extensões de terras e oceanos, abundante em rios e peixes, fauna e biodiversidade extraordinárias, petróleo, pedras preciosas. Então, por que a África continua a viver em extrema pobreza?

Acredito que a resposta está no mau governo e na

má administração que fazemos de nossos recursos. No desenrolar de meu trabalho no GBM vim a descobrir que populações pobres tendem a superexplorar e a degradar seu ambiente. Um ambiente degradado não proporciona sustento. À medida que os recursos tornam-se escassos, as comunidades começam a competir e, com freqüência, surgem conflitos e guerras. Estabeleci a conexão entre manejo sustentável de recursos e conflitos por observar choques tribais em minha terra. Às vezes isso se deve à ignorância, mas deve-se igualmente a má liderança, ganância e corrupção. Diz-se que os povos têm os governos que merecem, mas talvez seja verdade também que os países são tão bons quanto o são seus líderes. Cheguei à conclusão de que a pobreza é sintoma de injustiças inerentes aos sistemas de governo que adotamos. Vim a descobrir que grande parte da pobreza é de fabricação humana.

Nos países onde o ambiente é destruído, onde é grande o desnível entre ricos e pobres, onde a falta de equitatividade é óbvia, onde os pobres são sacrificados e marginalizados e os ricos são gananciosos, corruptos e arrogantes, a insegurança, o crime, os conflitos e as guerras dominam as manchetes. Não deve ser simples coincidência. Temos muitos conflitos nas regiões da África, mas quais desses conflitos estão sendo travados por populações cujo ambiente esteja sendo administrado de forma responsável, imputável e sustentável? Em locais onde as pessoas se sentem incluídas e participantes nos negócios da nação? Onde sentem que suas vozes são ouvidas? Onde

> *Para combater a pobreza é essencial atribuir poder às comunidades.*

sentem que têm assento à mesa em que os recursos nacionais são partilhados? Nenhum, em parte alguma! De fato, dificilmente exista hoje alguma guerra, em qualquer lugar do mundo, que não seja movida pela necessidade de expansão de fronteiras, acesso e controle de mananciais e minérios, terras agricultáveis ou acesso a florestas ou ao mar. O que eu quero enfatizar é a importância do manejo sustentável do ambiente e como, ao se falhar nisso, as populações tornam-se não apenas mais pobres, mas entram em conflito. Quando os recursos se tornam escassos e não há mais o suficiente para repartir, os que têm poder e privilégios tentam controlar esses recursos pela via da exclusão, e aqueles que se sentem excluídos e injustamente tratados tentam por todos os modos disponíveis conquistar justiça e dignidade. É assim que insatisfações são geradas e nutridas até degenerarem em violência. E esta é a ligação entre ambiente e paz. Ao administrar melhor nossos recursos, estaremos nos capacitando a criar um mundo mais pacífico e seguro.

Se esta ligação fosse devidamente compreendida e respeitada por todos os tipos de líderes, e se houvesse vontade para tanto, muitos conflitos seriam esvaziados antes mesmo de surgir. Se houvesse essa compreensão, o meio ambiente seria priorizado em nossos orçamentos nacionais e em nossos planos de desenvolvimento. Na situação atual, essa conexão é pobremente compreendida, e muita gente se recusa mesmo a considerá-la. O ambiente continua sendo tratado como item de luxo. Há uma pressão constante no sentido de sacrificar florestas para assentamentos humanos, para a agricultura e a indústria. Na África, muitos investidores promovem a devastação das florestas nativas, substituindo-as por plantações comerciais de espécies exóticas de árvores ou de grãos, e freqüentemente a destruição ambiental é feita em nome de empregos e progresso. Mas a que custo? Pode a destruição de florestas nos tornar realmente mais ricos ou reduzir nossa pobreza?

Este é o motivo pelo qual o GBM, ao mesmo tempo em que se empenha por uma ambiente mais limpo e saudável, envolve-se com temas relativos à equitativa distribuição de recursos e questões de governança. Os governos detêm a responsabilidade de tomar conta de bens comuns como florestas, rios e montanhas, e de proteger recursos importantes da degradação e da poluição. Mas eles não são donos destes recursos. Quando os governos falham em proteger recursos de uso comum, não são mais permissionários responsáveis e os cidadãos deveriam responsabilizá-los e puni-los, especialmente nas urnas. Mas só cidadãos informados e empoderados são capazes de responsabilizar seus líderes. Para combater a pobreza é essencial atribuir poder às comunidades. Esta é uma de nossas mais importantes responsabilidades.

O sucesso do GBM deve-se largamente ao empoderamento das comunidades rurais, através do processo participativo de educação cívica e ambiental. É um projeto-piloto que visa chamar atenção pública para a necessidade de proteger o ambiente e de tornar-se agente ativo do processo político, pelo voto. Através de seminários oferecidos no Centro de Educação GBM em Nairóbi, desde 1992, os participantes têm recebido informação sobre boa governança, cultura e ambiente, defesa e justiça ambiental. A maioria dos seminários, pelos quais já passaram milhares de pessoas, envolve entendidos na conexão entre governança pobre, gargalos de desenvolvimento e meio ambiente. O alvo desse processo é fazer com que as comunidades compreendam os motivos pelos quais não têm água potável de qualidade, lenha e alimentos nutritivos. Uma vez que tenham compreendido, tornam-se ativamente envolvidos na restauração do ambiente, mas também em buscar mudanças no sistema político e econômico, a fim de instituir justiça, respeito ao estado de direito e aos direitos humanos.

Políticas Intergeracionais

O *Green Belt Movement* teve início em 1977, por ocasião do Dia Mundial do Meio Ambiente. Sete árvores foram plantadas. Hoje, mais de 40 milhões de árvores (e o número continua a aumentar) foram plantadas somente no Quênia. Mas necessitamos de uma abordagem sistemática ao desafio do desmatamento. Foi por isso que, em 1997, GBM Quênia iniciou a Rede Verde Pan-Africana, para partilhar sua metodologia e seu *approach* com agentes de desenvolvimento e *stakeholders* na África, e além. É também um fórum para partilhar informação e proporcionar oportunidades de aprendizagem vivencial.

Em 2005, aceitei o posto de Embaixadora da Boa Vontade do Ecossistema da Floresta do Congo. Isto aconteceu porque dez governos na região da África Central decidiram trabalhar juntos para preservar a floresta, mas também para encorajar a comunidade internacional a desempenhar seu papel na conservação desse ecossistema – um dos três grandes pulmões do planeta, junto com a floresta amazônica e as florestas do sudeste asiático.

E, em novembro de 2006, o Programa das Nações Unidas para o Meio Ambiente (Unep), o Centro Internacional para Pesquisa e Cultivo Agroflorestal (Icraf) e o *Green Belt Movement* lançaram uma campanha internacional para plantar um bilhão de árvores no mundo em 2007.*

Menciono esses fatos para enfatizar que o grande número de problemas ambientais em nossas comunidades e regiões não deve tornar-se fonte de desencorajamento e desesperança. Antes, são o motivo para que cidadãos comuns confiram a si mesmos o poder de tomar atitudes e estimulem outros a fazer o mesmo.

As experiências pelas quais passei me ensinaram que o serviço que prestamos aos outros traz consigo uma recompensa própria e especial. Quaisquer que sejam as

*No início de dezembro de 2007 a meta já havia sido superada (N.E.)

opções que tenhamos de fazer, é sempre melhor que sejamos guiados pelo bem comum, e não apenas das presentes gerações, mas também das que nos seguirão. Em termos políticos, é mais vantajoso privilegiar as conveniências e as oportunidades do presente, sacrificando o bem comum de longo prazo e a responsabilidade intergeracional. Moralmente, porém, somos convocados a fazer as melhores opções para o bem comum de todos. Compete-nos a responsabilidade de proteger os direitos das gerações futuras, que não podem falar por si mesmas. A degradação ambiental, como sabemos, acontece de forma lenta e pode não ser percebida pela maioria das pessoas. Se elas forem pobres, egoístas ou gananciosas, estarão mais preocupadas com sua sobrevivência ou com a satisfação de necessidades e desejos imediatos do que com as conseqüências de suas ações. Infelizmente, a geração que destrói o ambiente pode não ser aquela que pagará o preço.

A geração que destrói o ambiente pode não ser aquela que pagará o preço.

A responsabilidade de atentar aos problemas em tempo hábil para promover o bem comum clama por vontade política visionária de parte dos governos e por responsabilidade social do mundo empresarial. Governos e empresas podem fazer muito no sentido de assistir as sociedades em adaptar e adotar estilos de vida menos dependentes de combustíveis fósseis e recursos limitados.

Algumas das iniciativas viáveis para lidar com a mudança climática incluem: reduzir o consumo de energia e de outros recursos limitados, plantar árvores, proteger as árvores existentes, investir em pesquisa e no desenvolvimento de fontes alternativas de energia, promover o uso de bicicletas e de transporte público; melhorar os códigos de construção civil, de modo que construamos nossas casas como quem vive na África ou na América do Sul, e não como quem vive na Europa ou na América do Norte.

Precisamos encorajar os indivíduos a mudar seu estilo de vida. Há muitas opções para as quais podemos nos voltar. Podemos, por exemplo, aprender a conservar a água e lembrar-nos que este é um de nossos recursos mais essenciais. Durante uma visita ao Japão, aprendi sobre um conceito budista denominado *mottainai*, que clama por respeito a recursos, gratidão e não-desperdício. Na vez seguinte em que visitei aquele país, o ministro do Meio Ambiente tinha iniciado a produção de *furoshikis*, feitos de material reciclável, como os plásticos. Os *furoshikis* são usados para embrulhar presentes, e as pessoas são estimuladas a usar o mesmo *furoshiki* repetidas vezes. *Mottainai* lembrou-me da campanha dos 3 R (re-use, reduza e recicle), que nós também lançamos no Quênia, para diminuir a ameaça que representa o uso de sacos plásticos.

Na minha opinião, nosso trabalho de auxílio e solidariedade deve incluir também a construção de liderança. Para tanto, requer-se atenção a aspectos críticos como falhas na educação, baixo nível de informação geral, falta de habilidades, de treinamento e de ferramentas para criar bem-estar a partir dos recursos disponíveis. São necessários, igualmente, investimentos nas mulheres e nos jovens, de modo que possam tirar vantagem de suas oportunidades e impedir outrens de tirar vantagem deles. O programa do GBM Mulheres pela Mudança, por exemplo, criado em 2003, promove uma abordagem holística das necessidades de mulheres e meninas. Pretende assisti-las no sentido de que possam enfrentar os desafios de crescer, tomar decisões complexas sobre sua saúde sexual e reprodutiva e ganhar conhecimento e habilidade em proteger a si mesmas do HIV e da Aids. A abordagem combina construção de capacidade das mulheres e formação de redes de mulheres, sustentando iniciativas locais para segurança alimentar, meio ambiente e geração de renda.

Deus e o Monte Quênia

Tenho o privilégio de ter nascido em Nyeri, perto do Monte Quênia – ou Kirinyaga, na língua *kikuyu*. O Monte Quênia, como se sabe, foi declarado Patrimônio da Humanidade pela Unesco. Isto aconteceu devido à intervenção de várias organizações e pessoas, com o objetivo específico de salvar esta herança única, um hábitat que guarda grande diversidade biológica. Mas a iniciativa justifica-se também pelo fato de o Monte Quênia, que está dentro de um parque nacional, ser o berço de mais de trezentos rios. Ele está sobre a linha do Equador, mas é coberto de geleiras, e são estas geleiras que alimentam os rios. Agora, em parte por causa da mudança climática, em parte por causa do desmatamento e da devastação causada pelos cultivos agrícolas dentro da área florestal, as geleiras estão derretendo, e a conseqüência é que muitos rios estão secando ou tendo seu fluxo dramaticamente reduzido. Tal situação me levou a refletir: o que deveríamos fazer para preservar esta montanha e suas florestas?

O Monte Quênia costumava ser sagrado para o nosso povo. O que quer que o povo *kikuyu* fizesse, e o que quer que fizessem muitas das comunidades que avistam a montanha à distância, voltavam-se para ela. Acreditavam que Deus vivia na montanha e que todo o bem – as chuvas, as águas puras – provinha de lá. Então chegaram os missionários, e disseram que Deus não habitava o Monte Quênia. Que Deus habitava o Céu. Desde então temos procurado pelo Céu. Eu sei que os norte-americanos foram à Lua e voltaram, mas ainda não viram o Céu, de modo que é provável que o Céu não esteja acima de nós. É possível que o Céu seja bem aqui. Talvez nosso povo não estivesse totalmente errado quando dizia que Deus habitava o Monte Quênia. Se Ele é onipresente, é bem possível que esteja na montanha. Tenho certeza de que, se ainda acreditassem nisso, não teriam permitido a extração ilegal de madeira, não teriam permitido que se entrasse na selva e se fizesse o corte raso da floresta. Se uma crença é o que motiva as pessoas a preservar sua montanha, ótimo, ok.

Acredito firmemente que a cultura pode ser um instrumento poderoso para promover a preservação, e talvez isto tivesse de estar incluído nas lições que ensinamos, de modo que, especialmente em regiões menos industrializadas, pudéssemos revisitar estes valores culturais e ajudar os povos a zelar pela biodiversidade que ainda possuem – e que perdem aceleradamente quando perdem sua cultura e passam a acreditar que devem tornar-se progressistas, exploradores, modernizantes, incentivadores de monoculturas de árvores. Nós *sabemos* que este não é o melhor caminho! Queremos salvar aquela biodiversidade, por isso queremos encorajá-los a manter-se dentro daquela cultura que os incentiva a serem reverentes.

Se Deus tivesse criado a humanidade na segunda-feira, estaríamos todos mortos na terça.

Estou me tornando uma boa leitora da Bíblia, pois nosso povo é muito religioso e crê na Bíblia com seriedade. Com relação à religião, nós somos hoje quase como eram os europeus na Idade Média. Por isso tenho de conduzir constantemente minhas referências e minhas aulas para a religião – é também um aspecto cultural, e a Bíblia, baseada na cultura hebraica, foi elaborada por homens inspirados. Muitas vezes recordo gentilmente às pessoas que, de acordo com o Livro de Gênesis, Deus criou o mundo nos cinco primeiros dias. Então, no sexto dia, em sua infinita sabedoria, Ele criou a espécie humana. Se Ele tivesse cometido um engano, se tivesse criado a humanidade na segunda-feira, estaríamos todos mortos na terça, porque não teríamos como sobreviver. Tudo o que foi criado antes de nós era essencial à nossa sobrevivência! Temos de ter a humildade de reconhecer que somos nós que precisamos do ambiente, e que o ambiente não precisa de nós.

O Desafio do Auto-Resgate

Proteger o ambiente e promover a cultura da paz exige paciência, comprometimento e persistência. Mudar nossos padrões mentais sobre paz e segurança deve tornar-se uma busca consciente e deliberada. Não acontecerá de um dia para o outro, mas precisamos perseverar.

Gostaria de compartilhar uma história que me inspira quando lido com situações de miséria e desvalia. Às vezes ela me vem à mente quando vejo os habitantes descalços de um lugarejo miserável erguendo as paredes de pedra de mais uma igreja, quando já existem lá outras virtualmente vazias. Ou quando vejo pessoas pobres vigiando a caixa de coleta, por medo de que algum devoto miserável venha a roubar dinheiro em vez de doar. A África tem tantos pobres mas, vendo o ritmo em que constroem templos, ninguém os chamaria de pobres.

Tais situações desesperadoras lembram-me de Pedro e João no Livro de Atos: 3. Os dois apóstolos iam à sinagoga quando se depararam com um mendigo, aleijado de nascença. Ele mostrava todos os sinais de uma pessoa desvalida: pobre, auto-anulado, rejeitado, humilhado, sem auto-estima e doente. Envergonhado de seu estado, nem mesmo ousava encarar as pessoas a quem pedia esmola. A Bíblia diz que ele curvou a cabeça, escondeu a face e estendeu a mão. Pedro e João, vendo-o neste estado, decidiram dar-lhe não moedas, mas plenitude e confiança. E, assim, Pedro lhe ordenou: "Levanta teu rosto!". Isto deve ter sido um tanto surpreendente para o mendigo, pois as pessoas usualmente não lhe dirigiam a palavra. Pedro continuou: "Prata e ouro nós não temos, mas o que temos daremos a ti. Em nome de Jesus Nazareno, levanta-te e anda!". E o aleijado, para grande surpresa dele mesmo, sentiu seus membros ganharem força. E ele se ergueu, e caminhou. Notem que Pedro e João não lhe deram dinheiro, veículo, casa, pedaço de terra, posição política ou mesmo poder – deram-lhe saúde. A Bíblia diz que o mendigo então entrou na sinagoga, louvando a Deus. Ele era agora um homem de valor: não mais um pedinte, não mais desumanizado. Não mais necessitado de ajuda humanitária. Agora podia ir e tomar conta de si mesmo.

Quando trabalhamos pelos desassistidos, temos de inspirar-nos em Pedro e João. Para realmente ajudá-los, temos de habilitá-los, para que não mais necessitem de nós ou de outros. Aprendemos no GBM que os beneficiários da caridade e da solidariedade precisam ser empoderados, de modo que possam beneficiar-se das oportunidades criadas e evitar a síndrome da dependência. É excessivo o número de pessoas que se tornam dependentes da caridade e se recusam a enfrentar o desafio do auto-resgate. Devíamos também trabalhar de modo mais sustentável ao administrar recursos, e de modo mais eqüitativo ao partilhá-los.

Instaurar formas de governo que respeitem os direitos humanos e o estado de direito. Instaurar um sistema que abarque a diversidade e dê voz às minorias e aos vulneráveis. Ou seja, mover-nos dos sintomas para as principais causas da miséria.

Lembremos que Pedro e João instaram o mendigo a mover-se. Não eram eles que tinham de realizar o ato de erguer-se e de caminhar, era o pedinte que tinha de fazê-lo. E o pedinte fez uma escolha quando respondeu ao chamado. Ele poderia preferir continuar deitado e a esmolar dos ricos. Mas ele decidiu aproveitar a oportunidade, estava pronto para isso, e sua vida mudou para melhor.

O desvalido precisa fazer a escolha de mudar de posição. E nós precisamos de sabedoria para saber quando dizer a ele:

"Levanta os olhos." "Levanta-te e anda!"

O principal muro a ser vencido hoje é o muro mental que divide "nós" e "eles".

Timothy Ash

A All Service, empresa do ramo de limpeza e manutenção, há anos está vinculada a uma área de Porto Alegre conhecida por suas carências, o Campo da Tuca. Foi lá que iniciou o programa Renovar, que em sua primeira edição levou cerca de cem funcionários a realizar um mutirão de restauração das instalações físicas de uma creche.

Leonardo Koehler, gerente-geral da All Service, conta que a empresa envolveu-se com ações sociais voluntárias tanto por encará-las como um dever quanto por buscar uma humanização nas relações internas de suas equipes de trabalho. O acerto dessa orientação confirmou-se logo na segunda edição do programa, quando o número de funcionários desejosos de se envolver dobrou; ao mesmo tempo, manifestou-se uma demanda do pessoal da área administrativa, que constitui minoria na empresa mas também queria se engajar no voluntariado. O resultado foi o Programa Construir, cujo escopo não é produzir melhorias físicas diretas, mas adotar organizações sociais e repassar-lhes conhecimento técnico: área de compras ensinando a comprar, controladoria ensinando a compor custos, e assim por diante. Desse modo, quando músicos do Campo da Tuca produziram um CD, puderam contar com o apoio do voluntariado da empresa de limpeza All Service para criar estratégias de venda.

A empresa estendeu os programas voluntários às diferentes unidades operacionais que mantém, mas a adesão é livre e quem escolhe as instituições que serão atendidas são os próprios funcionários, o que tornou "especialmente positiva" a entrada em cena, em 2002, da Parceiros Voluntários e seu cadastro de instituições em busca de suporte. Atualmente, o programa de voluntariado dos funcionários da All Service se desenvolve em seis estados brasileiros e apóia 15 mil pessoas. Para efetivar sua ação, por sua vez buscam parcerias entre clientes e fornecedores da empresa, pleiteando desde participação direta até doação de materiais.

– Essa é a corrente do voluntariado – alegra-se Koehler, ele mesmo um voluntário entusiasta. – Às vezes nos perguntam se somos muito solicitados com pedidos de doações financeiras. Não somos. Considero que essa é uma grande ação da PV, as instituições conveniadas se qualificam e passam a ter outra compreensão do que seja dar e receber apoio. Em outras partes do país é comum que nos perguntem por que nossa empresa se envolve em ações desse tipo, consideram que isso é encargo exclusivo do Estado. Ainda há uma incompreensão sobre o fato de que a responsabilidade social traz outro tipo de retorno para a empresa. O clima institucional é positivamente afetado pelos programas de voluntariado, mas a imagem externa também muda, quando se mostra ao cliente que a empresa se interessa pela sociedade. Isto gera credibilidade e confiança em nossa capacidade de gestão. Percebemos que muitas empresas têm interesse pela responsabilidade social, mas encontram alguma dificuldade em pensar ferramentas e formatos. Os casos de sucesso esclarecem, e isso alimenta nosso entusiasmo pelos fóruns de responsabilidade social, que, ao disseminar conceitos, fortalecem a corrente do voluntariado.

JORGE GERDAU JOHANNPETER

Presidente do Conselho
de Administração do Grupo Gerdau.
Conselheiro da ONG Parceiros Voluntários.

Site relacionado:
www.gerdau.com/meio-ambiente-e-sociedade

EM BUSCA DE EQUAÇÕES INTELIGENTES

CAPÍTULO IV

JORGE GERDAU JOHANNPETER
Depoimento

Quando sou questionado sobre o porquê de me envolver pessoalmente com iniciativas de caráter público, que estão além da esfera dos meus interesses empresariais, a resposta que me vem à mente de imediato é a educação que recebi de minha família. Tanto minha mãe quanto meu pai se preocuparam em transmitir aos filhos uma consciência sobre o que hoje chamamos de responsabilidade social. Quando decido atuar em favor de uma causa, é porque estou convencido de estar diante de alguma colaboração que eu poderia dar à comunidade.

No Rio Grande do Sul sempre tivemos empresários que assumiram lideranças fortes no campo social. Um grande pioneiro foi A.J. Renner – o trabalho dele neste aspecto, sozinho, já mereceria um livro. No cenário nacional e mundial têm-se histórias importantes sobre empresários com atitude de responsabilidade social.

Acredito, entretanto, que fatores políticos e econômicos acabaram por provocar um deslocamento dessa responsabilidade. À medida que as cargas tributárias foram subindo, os empresários passaram a considerar-se como que desonerados. Na verdade, tenho uma tese – que eu sei que é polêmica – de que a comunidade humana, desde cedo, se organizou para "terceirizar" atividades, a começar pela segurança. Como se percebeu que isso era muito cômodo, seguiu-se com o processo e passou-se a terceirizar também a educação, a saúde, a infra-estrutura. Tudo, enfim, foi sendo delegado ao Estado. Até mesmo a solidariedade.

Ao delegar, sentimos uma aparente liberação da responsabilidade. Mas hoje chegamos a um cenário no qual, embora paguemos ao Estado por esta "terceirização", ela simplesmente não funciona. As chagas sociais estão bem aí ao nosso lado, a comprovar essa tese. Como cidadão e como membro da comunidade, não consigo *não ser* responsável por isso.

Felizmente, há um clamor público e uma nova consciência entre as lideranças sociais e empresariais, que forçam a sociedade a rever a maneira como está organizada, de forma a resolver ou ao menos atenuar esses problemas. Existe também uma forte movimentação de organizações sociais, que no meu entender provocaram uma evolução no olhar do meio empresarial, no sentido das causas sociais e do envolvimento com a comunidade.

Sustentabilidade: um Conceito que Veio para Ficar

Do mesmo modo como ocorre na sociedade como um todo, nas empresas há os que tomam o tema da responsabilidade social e ambiental com maior ou menor profundidade, os que o fazem com uma visão de marketing e os que o fazem por convicção pessoal. Mas há uma evolução progressiva no modo como este tema está sendo incorporado no dia-a-dia das empresas, passando a ser adotado em sua visão estratégica e não apenas como discurso.

Quando comparo o modo como se pensava o problema social e o problema ambiental há vinte ou trinta anos, digo que houve uma evolução fantástica. A ECO 92, a conferência sobre meio ambiente do Rio de Janeiro, foi um momento marcante, inclusive pela conceituação da palavra sustentabilidade, que daquela data em diante passou a ser incorporada, começou de certo modo a ser desenvolvida como prática gerencial.

> ***Se uma empresa não trabalha com sustentabilidade, ela própria não se sustentará.***

O conceito da sustentabilidade vale para qualquer organização. Obviamente, cada tipo de organização prioriza sua atividade-fim, mas isso não quer dizer que ela possa não praticar os princípios da sustentabilidade. Durante muito tempo o setor privado trabalhou motivado essencialmente pelo lucro, e é indiscutível que esse continuará sendo um ponto-chave. Mas, para uma companhia poder construir a sua perpetuidade, ela precisa planejar o seu relacionamento com todas as áreas e comunidades envolvidas em sua atuação. Aí surge muito clara a idéia da satisfação dos *stakeholders,* os públicos com os quais a empresa se relaciona. Se não alcançar este objetivo, ela limitará seu crescimento ou sua prosperidade futura. Poderá eventualmente ter um resultado fabuloso durante um ano, dois anos, mas, sem se dar conta, estará destruindo sua estrutura de controle ambiental, ou sua relação com a comunidade, ou sua empatia com os próprios clientes. Penso que hoje, se uma empresa não trabalha com o conceito de sustentabilidade, ela própria não se sustentará. Esta é uma evolução do próprio sistema econômico: a sociedade faz pressão sobre o mercado, e o mercado exige uma mudança comportamental das empresas.

A "*Razão Social*" das Empresas

As empresas, como tudo o mais no planeta, são organizações inseridas em um contexto social, então têm de conduzir-se de acordo com esse contexto. Vejo essa correlação quase que como uma lei natural, um rebrotar de fatores de equilíbrio. Em função disso, acredito que tem de haver também um reconhecimento, por parte da sociedade, de que a atividade empresarial tem dimensões sociais como qualquer outra atividade. O empresário muitas vezes é visto apenas como um especulador, e ele de fato especula espaços, assim como o artista ou o jornalista especulam espaços, assim como cada um procura usar a inteligência para atender às necessidades da sua espécie. Nossa empresa, por exemplo, que atua na área da siderurgia: nós trabalhamos dentro de uma visão de sustentabilidade, mas nossa maior responsabilidade social é a nossa atividade econômica. Nós tentamos produzir aço da forma mais econômica possível; coletamos sucata e ajudamos a limpar as cidades; capacitamos e treinamos gente para ter essa eficiência na produção do aço; e atendemos a uma necessidade de gerar infra-estrutura, a construção de casas, hospitais, pontes. Cito o caso da Gerdau devido à proximidade que tenho com ela, mas acho que qualquer atividade econômica tem um circuito que se justifica de per si. Seja uma lavanderia ou uma empresa de transportes, qualquer negócio atende a alguma necessidade. Não quer dizer que isso seja suficiente, a empresa precisa levar em conta um contexto maior, mas ela tem um alto conteúdo social em si mesma.

Com o sistema de comunicação que hoje existe, muito aberto, muito envolvente, a população vai detectando quais são as empresas que exercem um papel social mais amplo ou menos amplo. Talvez não de uma forma totalmente consciente, mas isso já acontece, porque quando você faz uma opção de marca você está manifestando uma cota de simpatia ou de reconhecimento. Acredito que a empresa que demonstra consciência social e responsabilidade ambiental é reconhecida pelo consumidor. Seu circuito de *stakeholders* torna-se favorável, e ela é beneficiária dessa atitude.

Quem está em contato com o Terceiro Setor percebe rapidamente que tem muito a aprender com ele. As organizações do Terceiro Setor têm modos de gerir, de decidir e fazer as coisas, estabelecem um tipo de trabalho em equipe que é benéfico. Para as empresas também é muito importante, para maximizar a eficiência, contar com equipes que estão envolvidas e motivadas. A empresa tem interesse em criar ambientes em que as pessoas se sintam orgulhosas, realizadas, satisfeitas. O sentimento de pertencer a uma boa organização e de estar construindo junto alimenta a motivação. Tenho visto no mercado internacional, na opção de executivos, uma preferência em trabalhar com empresas que tenham consciência e responsabilidade social. Os melhores executivos escolhem onde querem trabalhar – normalmente são eles que escolhem a empresa. E o contrário também é verdadeiro. Se você na empresa tiver opção de escolher, vai preferir, em todos os níveis da organização, aqueles profissionais que você percebe que têm atitude de responsabilidade social, porque no fundo esta atitude nada mais é do que a exteriorização de uma consciência de cidadania. Aquele que tem senso de cidadania por certo é uma pessoa responsável, não apenas em um ou outro momento, mas de forma constante. Conseqüentemente, será uma pessoa melhor do que aquela que não tem preocupações desse tipo. E é ponto pacífico que uma pessoa com atitude cidadã vai se sentir dez vezes melhor em uma empresa que tem de fato responsabilidade social e ambiental do que em uma que não tem, mesmo que esta eventualmente a remunere um pouco melhor. Uma pessoa ética que tiver que trabalhar em um ambiente não-ético não vai durar naquela função. Ou ela ou a empresa vai romper.

A Equação Inteligente

Nós tendemos a fazer simplificações, mas a verdade é que todas as coisas têm uma equação global, macro, e é por isso que a palavra sustentabilidade é tão importante. Ela tem um conteúdo enorme. Há uma interligação complexa entre nossas opções como indivíduos e o modo como as coisas vão acontecendo socialmente. Tudo está relacionado, é uma rede, uma rede interminável. Cada um de nós atua em determinadas faixas, mas a inteligência está em construir uma equação global. A sociedade contemporânea tem que construir possibilidades para que as redes funcionem. Esta é a engenharia inteligente que tem de ser feita.

Entendo que para construir um conceito sustentável de Nação para o Brasil é absolutamente necessária uma interação entre os diferentes setores da sociedade. As funções e responsabilidades de cada um são insubstituíveis. Entretanto, considero que há um espaço enorme para o Terceiro Setor crescer, aliviando o custo do Estado. Tanto o Estado, o Primeiro Setor, quanto as empresas, o Segundo Setor, deveriam utilizar fortemente a capacidade do Terceiro Setor, das organizações sociais. Estou convicto de que esta é uma caminhada que já está em andamento, mas onde temos muito ainda por fazer.

O Estado tem que ficar com as suas responsabilidades principais, e neste sentido ele tem uma função insubstituível, que é a coordenação. Mas coordenar e planejar é uma coisa, executar é outra. Na execução, acredito que quanto menos o Estado precisar fazer, quanto mais ele puder delegar, retribuindo e remunerando os trabalhos realizados, melhor a estrutura como um todo vai funcionar. Isso, é claro, exige integração entre os Setores, não pode haver um isolamento mútuo nesse processo.

Esta integração é possível na prática, e podemos verificá-la quando as prefeituras delegam a administração de creches a organizações sociais, por exemplo. Em vez de o governo municipal executar, ele contrata os serviços na comunidade. É muito importante procurar construir essas soluções, essas parcerias com a sociedade civil. O Terceiro Setor, no meu entender, tem alta competência para trabalhar nesse campo, trabalha de uma forma muito eficaz e econômica. Uma tarefa desenvolvida pelo Estado na área social chega a custar de cinco a seis vezes mais do que quando uma organização social a realiza. E eu diria que o mesmo serviço, quando executado por uma empresa privada, tem um custo situado entre um e outro – de duas a três vezes mais do que o custo de uma organização social.

> ***A sociedade contemporânea tem que construir possibilidades para que as redes funcionem.***

A carga tributária no Brasil já é elevada e, se não houver uma redução de despesas, vai continuar se elevando. A opção possível para a sociedade está em buscar soluções econômicas eficientes. Qual é a melhor maneira de se gerir a carga tributária, considerando a receita advinda do PIB? Qual é o modo mais inteligente de atender mais gente de forma mais eficiente e mais econômica? Usando mais o Terceiro Setor. Compare-se o custo de um paciente no Hospital Nossa Senhora Conceição com o custo de um paciente da Santa Casa: o primeiro, que é da administração pública, custa de quatro a cinco vezes mais que o segundo, que é administrado pelo Terceiro Setor. Por que não se usam mais as Santas Casas, que têm um nível de excelência no atendimento? Do mesmo modo, um aluno de colégio público em Porto Alegre custa mais do que um aluno de colégios considerados de elite, como o Farroupilha ou o Anchieta.

Buscar essa equação inteligente é uma maturação política difícil, exige também uma maturação educacional. Nós somos ainda uma sociedade patrimonialista, onde as pessoas ainda pensam que poderão resolver seus problemas por favores do governo. Existe uma dificuldade de converter as experiências bem-sucedidas das organizações sociais em políticas públicas porque, em vez de se fazer um debate inteligente, nos atemos em interesses corporativistas ou buscamos manutenção de poder político. Eu diria que o modo de se avançar nisso é, justamente, debater mais. Trazer à tona informações estatísticas e dados concretos. Criar consciência e despertar a população para estes temas, que são de seu mais profundo interesse.

Voluntariado - Valor Econômico

As organizações do Terceiro Setor são muito diferentes entre si, em cada uma há que se estudar como elas podem contribuir. Mas o fato é que elas conseguem fazer uma fantástica mobilização de pessoas, de forma descentralizada e sistematizada, com um custo econômico mínimo, desonerando de forma importante o Estado. Vamos tomar o caso da ONG Parceiros Voluntários, que em apenas dez anos de existência aproxima-se de alcançar um engajamento de 300 mil voluntários no Estado. Ela recebe apoio econômico de algumas empresas, mas ela conta com um aporte que vale muito mais do que o dinheiro, que é o esforço e o trabalho dos voluntários, atuando em todo tipo de frente e de campo social, agregando entidades e lideranças sociais, que se mobilizam para organizar essa ação.

Podemos estimar, com uma aritmética simples, o valor desse trabalho sob o aspecto econômico. Cada voluntário disponibiliza uma média de quatro a cinco horas de trabalho por semana, o que dá 16 ou 20 horas por mês – e uma porcentagem alta desses voluntários é constituída por pessoas muito qualificadas em termos de educação, com grau de ensino superior. Multiplicando 300 mil por 20, chegamos a 6 milhões de horas trabalhadas por mês. Se cada uma dessas horas fosse remunerada com um real, seriam R$ 6 milhões; se fosse remunerada a dez reais, seriam R$ 60 milhões; se fosse a 20 reais, seriam R$ 120 milhões. Se o Estado tivesse de arcar com o mesmo número de horas, com todos os custos adicionais envolvidos na manutenção de funcionários, verifica-se que esse trabalho voluntário tem um valor inestimável para a comunidade! E há o aspecto adicional da eficiência e da produtividade dos voluntários, e do valor que ele representa para aqueles que recebem esse apoio. Alcança-se, com o voluntariado, uma qualidade no trabalho social que uma relação puramente profissional dificilmente atinge, porque há no voluntário uma espontaneidade, um impulso emocional. É a comunidade cuidando da própria comunidade.

Este último aspecto também representa um ganho para o próprio voluntário. A experiência da ONG Parceiros Voluntários, de forma global, indica que a pessoa que faz o voluntariado desfruta de um ganho emocional, por fazer aquilo de que gosta, o que nem sempre é possível no trabalho profissional, e por sentir que participa de um grupo que resolve um problema. Em um segundo momento, normalmente após começar a trabalhar, ela passa a formar grupos de apoio à entidade social onde atua. Esses grupos de apoio produzem um verdadeiro milagre. Como cada um desses voluntários tem seu círculo de amizade, de relações pessoais, que também acabam mobilizados, a atitude de um dá exemplo ao outro. Essa construção gera o milagre da teia, da rede. Assim, além da qualidade do atendimento social e da alegria que vem da participação, você tem um terceiro momento, onde começa um novo fenômeno social, o de realimentar nessas pessoas um senso de responsabilidade social. Um sentimento de comunidade, que leva à solidariedade, que em nosso Estado era histórico, que ainda existe nas vilas mais pobres e nas pequenas comunidades, mas que vinha se perdendo nas grandes cidades, onde as pessoas, pressionadas pelas necessidades materiais e pelo estresse do cotidiano, tocam a vida em frente e não sabem mais nem o nome do vizinho.

> *O Terceiro Setor tem um aprendizado a passar a empresas e governos.*

Uma Revolução Comportamental

Os movimentos do Terceiro Setor produzem uma reeducação. Representam uma resposta a um dos grandes dilemas da sociedade brasileira, que é: como difundir o conceito de cidadania? Quando você observa um país que atingiu patamares altos de desenvolvimento, você nota que ali é difícil achar uma pessoa que não tem uma atitude cidadã. As pessoas que se envolvem com voluntariado e com organizações sociais passam a ser cidadãs. Normalmente, passam de um estágio de apenas voluntariar para o de desenvolver consciência comunitária, e são potenciais líderes comunitários. Este impacto pessoal e social, que é muito difícil de mensurar, no meu entender é um fenômeno tão ou mais importante que o econômico. Considero-o uma revolução comportamental da maior importância.

Muitos desses movimentos procuram deliberadamente envolver os jovens e as crianças, educá-los para desenvolver projetos sociais em suas comunidades, não apenas como um processo formal, mas uma prática, e uma prática que envolve ainda os pais e os próprios líderes das comunidades. No caso da ONG Parceiros Voluntários, que é um movimento que conheço de perto, vimos que rapidamente se chegou a noventa mil jovens engajados. É um movimento explosivo, que terá reflexos sobre a sociedade, pois esse processo produz um rompimento conceitual nessas crianças. Elas acessarão um patamar de consciência que nós, adultos, às vezes levamos dezenas de anos para alcançar. Tradicionalmente, a pessoa saía da igreja aos domingos e dava uma esmola para o pedinte, e com isso considerava-se em dia com sua consciência social. Felizmente, isso está superado, e eu acredito que a cultura do voluntariado desenvolverá nesses jovens outro nível de responsabilidade.

Gosto de aplicar essa questão a países ricos onde a cultura do trabalho voluntário é destacada: será que eles são ricos porque têm trabalho voluntário ou eles têm trabalho voluntário porque são ricos? No início do trabalho da Parceiros Voluntários eu tinha dúvidas sobre até que ponto seria possível esse rompimento conceitual, mas hoje, pelos números, pelo tipo de mobilização e pelo efeito multiplicador alcançados, estou convencido de que se está produzindo uma mudança cultural. A responsabilidade social passa a ser não uma atitude marqueteira, mas um pensamento filosófico enraizado nas pessoas.

A pergunta que precisa ser feita é: qual o modo mais eficiente para a sociedade resolver os seus problemas? Qual o modo mais inteligente de se organizar?

Teremos de realocar funções, e este será um processo lento de ajustamento. Mas eu sustento que temos de nos voltar para o grande potencial que há nas parcerias, onde o Terceiro Setor, as organizações da sociedade civil, tem todo um aprendizado a repassar às empresas e aos governos. As organizações do Terceiro Setor têm um mundo a desvendar para todos nós.

A vida é muito perigosa;
não pelas pessoas que fazem o mal,
mas pelas que se sentam
para ver o que acontece.

Albert Einstein

– Ninguém mais nos encaminha pedidos endereçados ao "Excelentíssimo Gerente de Doações" – brinca Emerson Vontobel, presidente da Companhia Vontobel de Investimentos, com sede no município de Santa Maria. – Nós aprendemos a nos relacionar com a sociedade. Antes vinham pedir doações, hoje buscam ajuda para dar o melhor de si. Nós na empresa, por outro lado, no passado encaminhávamos ações sociais que não tinham continuidade nem real impacto. Não havia relação com a comunidade, fora o pede-e-dá. Todos nos tornamos mais sábios nesse contato.

A que contato Emerson se refere? Àquele que começou a se desenvolver entre a Vontobel e organizações de ação social de vários municípios gaúchos onde a empresa atua, depois que ambos os lados perceberam que havia alguma mudança fundamental a ser feita, se quisessem obter resultados consistentes na tarefa de reconstituir tecidos sociais lacerados. Ao buscar oportunidades de investir em projetos sociais, por motivos tanto práticos quanto humanitários, a Vontobel pensou em selecionar os de melhor custo-benefício. Logo descobriu que isso seria bem difícil, pois na maioria das organizações da sociedade civil da cidade a documentação contábil e legal era muito precária, quando não inexistente. A Vontobel viu aí a própria oportunidade de investimento social que buscava: examinar e regularizar a situação legal e de gestão das entidades.

Cinco anos depois, já se somavam em 57 as organizações atendidas. O programa foi além, começou a repassar a estas instituições o domínio *de métodos de gestão administrativa e de preparo de projetos, habilitando-as a buscar recursos em diferentes fontes. Com a intermediação da Parceiros Voluntários, setenta instituições passaram a interagir nesse processo, tornando concreta a sinergia da ação em rede.*

– Hoje simplesmente não fazemos mais doações, hoje investimos em projetos, e com isso a gente ganha e a comunidade ganha – entusiasma-se Emerson, que em maio de 2007 representou toda esta rede para receber o Prêmio Parceiros Voluntários, em Porto Alegre. – Muitas organizações têm belas propostas e são conduzidas por pessoas competentes, com profundo senso ético, mas não conseguem receber recursos para fazer essas propostas andarem ao longo do tempo. São detalhes que precisam ser lapidados nesses talentos, para que eles possam brilhar.

Letícia Moreno, coordenadora do Programa CVI Social da Vontobel, acrescenta que esse processo representa uma realização pessoal para todos que integram a rede. "Quando se imagina a quantidade de pessoas que no fim são atingidas, é emocionante", diz ela, "e também é uma alegria ver que essas organizações, que fazem um trabalho lindo, conseguem enfim ver seu esforço compreendido".

Emerson acha que na aprendizagem do trabalho em rede repousa uma receita de mudança profunda:

– Se unirmos os pólos de excelência que há no Estado e nas empresas, e se as organizações da sociedade civil se capacitarem, estaremos construindo uma nova perspectiva de futuro.

HELOISA COELHO

Diretora-Executiva
da ONG RIOVOLUNTÁRIO

Site relacionado:
www.riovoluntario.org.br

APLAUSOS E COLHEITAS

CAPÍTULO V

HELOISA COELHO

Meia dúzia de pessoas, um churrasquinho no final de semana e pronto: mais uma laje foi "batida". O cenário é bastante comum. Uns se unem para dar "aquela mão" na obra da casa do vizinho, outros emprestam a velha Kombi para pegar uma mesa doada. O brasileiro tem alma de voluntário. Mais do que alma, temos mãos voluntárias...

Na pesquisa *Perfil do Voluntariado Empresarial no Brasil* confirmamos isso. Não vão faltar vozes gritando que "ainda há muito o que ser feito". Sem dúvida, a pesquisa revelou isso. É preciso, no entanto, que haja mais vozes ressaltando – e parabenizando – o que já vem sendo praticado.

Empresas precisam dar lucro, isso é um fato. É chegado o tempo, entretanto, que não dará lucro empresa que ignorar os rumos da sociedade. O tempo é de transformar. Empresa que não participa da construção de uma sociedade com igualdade de oportunidades para todos estará fora do mercado competitivo. Empresa socialmente responsável hoje é a empresa de sucesso amanhã.

O Voluntariado Empresarial chega, nesse contexto, como uma das mais importantes ferramentas de engajamento, por parte das organizações. Desenvolver um programa de voluntariado empresarial, sem dúvida, é um dos primeiros passos para qualquer empresa que deseje ser socialmente responsável.

Dentre as empresas pesquisadas, 45% adotam programas institucionalizados de voluntariado com planejamento e orçamento anual; 61% delas estão localizadas na região Sudeste. Em outras palavras, quase metade das empresas pesquisadas já consideram o voluntariado fundamental ao planejamento de seus negócios. Por outro lado, a maior parte dos programas de voluntariado empresarial são realizados pelo eixo centro-sul, o que aponta para uma necessidade iminente: empresas do Norte e Nordeste precisam dar maior ênfase ao voluntariado empresarial.

A idéia de que não basta ser diretor, tem que participar, felizmente, alcançou o voluntariado empresarial. Segundo a pesquisa, somente 7% das empresas não têm nenhuma participação dos diretores nas ações de voluntariado promovidas. O dado aponta que a maioria das empresas estudadas têm seus diretores "pondo a mão na massa", indo a campo, não tendo medo dos desafios. A experiência nos mostra que, quando o exemplo parte de cima, a chance de um programa de voluntariado obter sucesso é enorme.

Os dados da pesquisa são, todos, fundamentais para o entendimento de como evolui o voluntariado empresarial no Brasil. No entanto, um dado, em especial, gerou grande satisfação – 65% das empresas esperam atender às expectativas da comunidade na qual vão atuar.

O dado é auto-explicativo. Não requer comentário algum. Significa dizer que a maior parte das empresas, quando desenvolvem seus programas de voluntariado, ouve a comunidade, identifica suas necessidades, características, anseios. Prova que a velha idéia do "eu sei o que eles precisam" caiu por terra. Não há quem conheça melhor a realidade local do que a própria comunidade. Fazer uma escola de música em uma localidade que precisa de pré-escola, além de contraproducente, gera perda de credibilidade por parte da empresa. Como "confiar" em uma organização que ignora as necessidades da comunidade? Não há geração de confiança. O dado mostra que, sim, empresa e comunidade podem caminhar juntas. Confiança e parceria são determinantes ao voluntariado.

Sei que ainda há muito a ser estudado, discutido e pesquisado, quando o assunto é voluntariado empresarial. Mas o RIOVOLUNTÁRIO tem dez anos, já vimos verdades serem abandonadas, mitos serem destruídos. O que é consenso hoje pode ser delírio amanhã e vice-versa, assim é a construção do saber.

Contudo, uma verdade, temos certeza, jamais será derrubada: somente a união entre sociedade civil, empresa e governo pode propiciar as mudanças coletivas que tanto almejamos.

Perfil do Voluntariado Empresarial mostra que já foram dados muitos passos rumo a essas mudanças.

Hoje, aplaudimos.

Amanhã, colheremos.

Somos seres biologicamente amorosos, que podem atuar no prazer da co-inspiração.

Humberto Maturana

Primeiro Tatiana, 91 anos, ensinava pintura em tecido. Mas, sendo do tipo de pessoa que anda sempre às voltas com quem necessita de algum apoio, aprendeu a prestar atenção: "Eu me treinei para escutar", ela explica. Por saber escutar, percebeu que os internos do Asilo Padre Cacique até que gostavam de fazer artesanato, mas gostavam muito mais de conversar. E assim foi que as aulas de pintura ficaram em segundo plano. Tatiana continuou voluntariando no Asilo, mas para cultivar o prazer do encontro e da conversação.

Tanta solidão. Tanta carência, de tanta coisa. E, ainda assim, um dia uma interna lhe pediu que escrevesse um testamento.

– O que tu queres deixar? – perguntou Tatiana, disposta a desincumbir-se da tarefa, apesar de nunca ter escrito um testamento.

– Ah, meus pertences – esclareceu a velha senhora, em tom cerimonioso. – Meu radinho, meu relógio... Para minha filha.

Elaborou então uma declaração, em caligrafia redonda, e ela mesma, Tatiana Sringhini, assinou e deu fé ao testamento, que a dona dos pertences, apaziguada, escondeu.

Tatiana presta mesmo muita atenção às necessidades alheias. Mas não considera que isso seja favor:

– Eles acham que eu é que estou ajudando, mas é o contrário – esclarece.

Uma vez passou a tarde conversando com Lídia, de quem nunca se ouvia uma palavra. Lídia cometeu um crime no dia do casamento do filho, numa data que já ninguém recorda, por motivos que só revelou a Tatiana. Cumpriu pena num presídio durante anos. Quando saiu, era quase idosa e não tinha para onde ir. Foi acolhida no Asilo Padre Cacique, onde vivia sem falar. Até o dia em que o filho foi visitá-la. Sentindo-se redimida do passado, Lídia quis conversar. Tatiana, como sempre, escutou. Algum tempo depois, encontraram-se no dormitório coletivo. Tatiana sentou-se na beirada da cama de Lídia, tomou-lhe as mãos e segredou:

– Sabes que eu escrevi sobre ti, minha amiga?

Lídia se emocionou. Disse que queria ler. Outra mulher idosa, que as ouvia da cama ao lado, não se conteve e interferiu:

– Escreve sobre mim também, Tatiana?

Tantas histórias de vidas esquecidas. De "pessoas que parece que passaram em branco pelo mundo". Tatiana assumiu o ofício de recolhê-las. Seus cadernos já registram vinte e duas.

Sobre si mesma, ela também tem registros a guardar. Tatiana foi tema de várias reportagens, o que considera vantajoso, pois sempre que aparece na TV ou no jornal "muitas pessoas se motivam a buscar trabalho voluntário". Um de seus registros prediletos, no entanto, é de ordem pessoal: refere-se ao dia em que ela completou 90 anos. Seus três filhos, nove netos e dez bisnetos apareceram-lhe diante do prédio, com um carro de som e balões coloridos, depois meteram-se todos no apartamento dela para festejar.

A família disputa a companhia de Tatiana. Tentam convencê-la a mudar-se para a casa de um dos filhos. Ela considera, mas vai continuando no espaço onde construiu sua vida. Tem um jeito firme e calmo de se movimentar, e parece que é esse também seu jeito de tomar decisões. Mesmo por isso, talvez, concordou com outra ponderação recente da família, a de resguardar-se um pouco. Tatiana tornou-se voluntária aos 80 anos de idade e, durante uma década, sempre tomou dois ônibus de ida e dois ônibus de volta para deslocar-se entre sua casa, na zona Norte, e o asilo, na zona Sul. Seus filhos prefeririam que ela passasse a fazer os deslocamentos de carro. Ela então transferiu o dia de suas visitas ao Asilo Padre Cacique, de modo que sua filha Maria pudesse acompanhá-la. Maria também atua como voluntária, ela e outros instrumentistas levam música às tardes do asilo. Na verdade, foi Maria quem sugeriu a Tatiana que se inscrevesse na Parceiros Voluntários, e foi assim que Tatiana tornou-se uma das primeiras e a mais idosa das voluntárias em atividade pela instituição.

Quando visita os filhos, Tatiana tem acesso a computador e se comunica por internet com uma bisneta que está na Itália. É a mesma bisneta que volta e meia apela à família: "Pelo amor-de-deus, não me informatizem a nona, quero continuar recebendo as cartas dela escritas à mão".

Tatiana e seus registros...

ADRIANO NAVES DE BRITO

Doutor em Filosofia e Professor
Titular de Filosofia da Unisinos/RS.

O PRAZER É A RECOMPENSA

CAPÍTULO VI

Entrevista com
ADRIANO NAVES DE BRITO

O senhor escreveu que "não importa a convicção que as sociedades apliquem à pregação de valores morais, eles não se afirmarão, caso não estejam em consonância com aquilo que somos, quer dizer, com nossa constituição como seres da natureza". Em momentos de crise profunda, como o que a sociedade humana vive agora, multiplicam-se os apelos em torno de valores como a solidariedade e a ajuda mútua. Mas será que estes são valores que estão em consonância com nossa natureza? Eles são inerentes ao ser humano?

DE BRITO – O desejo de ajudar é próprio da condição humana e está em consonância com a nossa constituição como seres da natureza, embora se possa ter muitas dúvidas a esse respeito. Se é assim, perguntamo-nos, por que então as pessoas não se ajudam mais, e por que vivemos em conflito?

Para penetrar nessa questão, um dado importante nos vem da associação de nossos princípios e de nossos valores morais com nossa história evolutiva. Como seres da natureza, evoluímos como outros animais evoluíram; se determinados traços da nossa natureza foram perpetuados, foi porque eram vantajosos evolutivamente. Então, será que elementos éticos da natureza humana fazem parte dessa natureza, ou não? Os elementos éticos foram vantagens, sob o ponto de vista evolutivo, ou não?

Olhemos para o mundo não com a magnitude de agora , quando somos seis bilhões e meio de pessoas, mas em termos de comunidades menores. Se observarmos a questão da ajuda mútua, claramente os elementos éticos foram decisivos, porque a nossa é uma espécie muito exposta, muito frágil, muito dependente. Nós dependemos enormemente de uma vida coletiva. Nos nossos círculos mais íntimos de convivência ou de família, a dependência e o desejo de ajudar, a compulsão até por ajudar, são muito fortes.

Podemos dar um exemplo de outra ordem que referenda completamente esta idéia. Em um estudo sobre acidentes de avião, detectou-se que uma alta percentagem, algo como 40% a 50% dos passageiros, morriam por não abandonarem a aeronave a tempo, antes que ocorresse uma explosão. E uma grande percentagem destes não abandonavam a aeronave a tempo porque ficavam tentando ajudar um outro a sair, alguém que não conseguiu soltar o cinto de segurança ou alguma coisa do gênero. Portanto, morrem junto porque não conseguem sair sozinhos. Em uma situação de vida ou morte, as pessoas tendem a optar por não fugir, por ficar e ajudar quem está ao lado.

É uma injustiça para com a natureza humana dizer que nós não nos ajudamos uns aos outros, como parece quando olhamos os conflitos que existem. Se colocamos a questão em perspectiva, constatamos que a nossa espécie é de fato muito dependente da vida social, e a vida social não se constituiria se não houvesse em nós traços que predispõem a isso. Esses traços são fortíssimos e estão claramente ancorados, não numa racionalidade, numa idéia de vantagem, mas em sentimentos profundos, sentimentos de pertença a um grupo. O sentimento de "eu pertenço a este grupo" gera traços sociais, reforçados por nossa constituição biológica. São coisas que andam juntas. Por terem representado uma vantagem evolutiva, esses traços foram perpetuados na espécie. Acho que essa predisposição para a solidariedade não é só humana, mas é profundamente humana, porque nossa espécie dependeu e depende muito disso. Nós só construímos o que construímos e conseguimos viver com esse número enorme de indivíduos que somos hoje porque, embora haja conflitos, nós somos capazes de cooperação. O foco no conflito obscurece a natureza profundamente cooperativa que nós temos e que está na base de nossa evolução.

> *A vantagem evolutiva é cooperar no grupo com o qual se mantém laços profundos.*

Aliás, o nosso incômodo com o conflito é já um sinal de nossa natureza interessada pelo outro. Pensemos, por exemplo, na nossa situação como bebês, como crianças, os laços que criamos ao longo da vida, fundamentais para que as pessoas se constituam como seres humanos – e a falta que isto faz. Mesmo entre outros animais, como os primatas, experiências mostram o quanto o contato físico é fundamental para o desenvolvimento do bebê. Se for separado da mãe, ele pode alimentar-se por um aparelho que lhe fornece comida, mas ele prefere ficar o tempo inteiro grudado num boneco de pelúcia, que é mais aconchegante. Primatas ou humanos, fazemos escolhas claramente motivadas pelo contato físico, pela presença do outro.

Charles Darwin e "a lei do mais forte" são sempre citados nos discursos que enfatizam a competitividade como sendo um traço não apenas natural como desejável em nossa natureza. No entanto, o próprio Darwin ressaltou a capacidade de cooperação como um fator essencial à sobrevivência.

DE BRITO – O foco na "lei do mais forte" é um lado da teoria de Darwin utilizado por uma corrente, que é o darwinismo social. Uma má leitura, no fundo, de Darwin, pois a competição entre espécies e entre indivíduos de uma 1
mesma espécie nem sempre é decidida pelo singelo princípio da força. É claro que há uma competição entre os seres humanos, mas se nós pensarmos a respeito veremos que é uma competição para que a igualdade se mantenha.

O mais doloroso para o ser humano não é ter pouco, é ter menos que o outro. Somos muito sensíveis à disparidade, e ela é um complicador na vida social, especialmente nos grupos pequenos, no núcleo da família; é onde ela se apresenta de forma mais dramática, porque as diferenças ali não são suportáveis. Os filhos sempre se perguntam se não estarão recebendo menos do que os irmãos, e o esforço dos pais em geral dirige-se no sentido de manter um equilíbrio entre os membros da família. Então há uma competição, mas é uma competição entre indivíduos por esta igualdade, para que o grupo se mantenha.

Se olharmos a competição biológica, devemos nos perguntar quais são os instrumentos que uma espécie tem para vencer a competição com outras espécies. O principal instrumento da espécie humana é a capacidade de socialização. Socialização cooperativa, socialização, digamos, inteligente. Nós não somos formigas, que têm um outro plano de socialização, um plano compulsório. Nossa socialização precisa da adesão dos outros.

Uma corrente de antropologia que está se firmando, e à qual eu me filio, é a de que o desenvolvimento da inteligência não se deu fundamentalmente pela manipulação de ferramentas, mas pela necessidade que temos de viver em grupo. Isto me parece fazer sentido, porque é preciso muita inteligência para viver em grupo. É preciso lidar com muitas variáveis que oscilam freqüentemente. As estratégias de vida grupal são muito complicadas nos mamíferos desenvolvidos, muito mais ainda nos grupos humanos. Entretanto, considero equivocada a visão segundo a qual é necessário um grande esforço consciente para que os grupos humanos se mantenham agregados. De fato, não é comum ao ser humano viver sozinho, como eremita.

Vamos pensar numa idéia política muito difundida, que é a idéia do contrato social. Segundo este conceito, os homens viviam num estado de natureza, cada um por si, e aí decidem, para evitar a guerra de todos contra todos, viver em sociedade e se submeter à vida social, que tem suas desvantagens mas teria a vantagem da proteção recíproca; por exemplo, o indivíduo não ser surpreendido e morto enquanto dormia. Mas essa me parece uma metáfora que ajuda a difundir uma falsa idéia do homem, porque passa a noção de que teríamos de fazer um esforço racional, um cálculo, ao fim do qual eu deduzo que é mais vantajoso viver junto do que viver sozinho. Quando se coloca isso na perspectiva da evolução, é completamente absurdo, porque obviamente aqueles grupos primitivos não estavam fazendo nenhum cálculo desse tipo. A natureza não poderia ter confiado essa decisão a um cálculo racional. Seria muito falho. O que não é falho são os sentimentos. É uma *preferência* nossa que define a questão, nossa preferência é viver com os outros.

Nós preferimos viver juntos, mas quando estamos juntos o conflito é quase inevitável, não é?

DE BRITO – É verdade. Por isso a inteligência precisa se desenvolver, porque para manter equilíbrios nós precisamos de estratégias sociais refinadas. E é interessante que a inteligência aumenta na medida em que aumenta a nossa complexidade social. A comunicação aumenta nossa capacidade de interação, exponencialmente, e nos habilita a conservar cultura, a preservar conhecimento. Mas não podemos deduzir disso que o homem escolhe viver em sociedade. Nós não escolhemos viver em sociedade! As pessoas vivem em grupo porque é assim que é bom viver.

Onde, então, se engatou a competitividade que vivemos hoje? Como ela se instaurou? Se temos uma tendência natural de ajudar, como se tornou tão forte a idéia do competir? A competição entendida como individualismo, o "vou me dar bem e o resto que se dane"?

DE BRITO – A idéia do individualismo, no sentido rigoroso da palavra – o indivíduo está por si e por ninguém mais –, essa sim, parece ser contrária à nossa natureza. Tão contrária que, num tipo de sociedade funcionando como a nossa, se as pessoas são levadas a isso, elas sofrem. Basta ver a quantidade de pessoas neuróticas porque não conseguem estabelecer laços emocionais sólidos. Os dramas que vivemos, em função da psiquê doente, já são um reflexo de uma fuga da nossa condição natural, da nossa atual dificuldade de criar laços profundos, permanentes, onde eu tenha a segurança de ser amado pelo outro, sem precisar o tempo inteiro trabalhar para garantir isso.

As relações sociais entre pessoas trazem problemas, que aumentam exponencialmente quando o número de pessoas cresce. Muita ansiedade é gerada, e o indivíduo precisa de um espaço emocional de tranqüilidade. Então, primeira abordagem: não é verdade que o individualismo seja um traço profundo do ser humano, parece ser o contrário. Em uma outra perspectiva: qual é a vantagem evolutiva? A vantagem evolutiva é cooperar no grupo com o qual se mantém laços profundos. Entretanto, estes traços fundamentais foram gerados no ser humano quando ele vivia num grupo de vinte ou trinta pessoas. Isso praticamente se definiu, enquanto material evolutivo, há uns 40 mil anos atrás, quando éramos um grupo de caçadores, de coletores. As nossas emoções não estão preparadas a reagir ao convívio com bilhões de pessoas. Quando se está colocado numa situação de restrição de bens, parece natural que você defenda os seus, não é? Isto também seria, vamos dizer, da nossa natureza fundamental. Porque se você não defende sua prole, ela vai perecer. Os traços que resultaram do desenvolvimento da inteligência e da capacidade cooperativa nos permitiram chegar à convivência em sociedade com uma quantidade incrivelmente grande de pessoas, organizando-nos da melhor maneira possível. A base emocional está lá, sustentando esta vida em sociedade, embora tão conflituada como nós a temos hoje.

Por que somos competitivos? Primeiro, porque queremos viver bem. E o que é viver bem? As diferenças entre os seres é algo frente a que somos muito sensíveis. Como os talentos e as habilidades são distribuídos de maneira irregular, é comum que no grupo as pessoas queiram o que elas vêem que o outro tem. Esta regulação pelo outro é também um traço natural muito próprio, e na sociedade toda ele se expressa de maneira evidente. Então há um traço competitivo, numa sociedade agora que permite isso – porque nós tivemos desenvolvimentos sociais em que ele não era nem permitido nem necessário. Quando o indivíduo é colocado frente a uma gama de contatos enorme, isso também representa um problema para a nossa natureza. Nós perdemos nossas referências, sobretudo nossas referências emocionais. Com relação a quê ou quem eu me comparo, de modo que eu fique tranqüilo? Nós hoje não alcançamos nunca essa tranqüilidade.

Por isso, é importante olhar o que nós somos, para entender quais mecanismos podem nos ajudar a viver melhor neste mundo com tanta competição. Se não conseguimos entender estes mecanismos, tendemos a ir adquirindo coisas sem com isso obter satisfação. Porque não é a coisa que te dá satisfação, é o outro que te dá satisfação. Quem sabe possamos construir uma sociedade que nos ajude a atender melhor a estas demandas, que são demandas fundamentalmente emocionais.

Isto nos encaminha para uma outra questão. O voluntariado como uma simples benemerência é hoje questionado tanto sob o ponto de vista da motivação quanto de sua eficácia. Antigamente se aceitava com facilidade a idéia de que alguém fizesse caridade. Este alguém já chegou num certo nível, ele já se comparou, ele constatou que está bem, em boa posição, então ele vai e "estende a mão", digamos assim, ele dá uma esmola para o mendigo, ele envia ajuda financeira para uma causa qualquer. Mas hoje isto não é mais visto como uma resposta satisfatória. Em todo o leque político tem-se crítica a essa atitude, tanto pela motivação – o que que te leva a fazer isso – quanto pelos resultados que isto produz.

DE BRITO – As pessoas que atuam como voluntários e fazem isto de uma maneira discreta – portanto, o fazem com uma motivação que vamos chamar de autêntica – percebem isto como profundamente realizador. Elas sentem como um ganho, como "era o que faltava na minha vida". E o que estão ganhando? Estão ganhando algo que não se pode comprar com dinheiro. Quando se coloca o dinheiro em jogo, é inevitável que você se pergunte: o outro está ao meu lado porque eu tenho esse dinheiro?

Digo sempre que a punição mais dura para o ser humano é ser excluído do grupo. Nós estamos numa tentativa permanente não de entrar, mas de não sermos expulsos do grupo. Você quer pertencer e ser aceito. Quanto mais gratuita essa aceitação, mais fortemente ela vai vincular as pessoas. O que as pessoas ganham ao atuar como voluntárias é um reconhecimento que não pode ser ganho de outro modo. Não se pode ganhá-lo sendo bem-sucedido ou pela habilidade de acumular dinheiro, só se pode ganhá-lo sendo generoso. A generosidade faz muito bem ao ser humano, porque mediante isso ele atende a um lado da sua natureza que está à flor da pele o tempo inteiro: a necessidade de pertencer e a necessidade de ser reconhecido. Cria-se aqui um valor, que é no fundo a base de todo o valor moral, que só pode ser construído com a gratuidade. Que é a mesma gratuidade das relações entre gerações, entre pais e filhos, em que se verifica quase que uma compulsão para ajudar. E isso não é racional, isso é emocional. A natureza equilibrou isso, a pessoa faz isso porque se sente bem. O prazer é a recompensa. O prazer de ser amado e de pertencer.

Esse instinto permanece. O problema é que ajudar é uma prática que pode tornar-se também vendável. Nós estamos sempre no limite, perguntando-nos: isto aqui está se fazendo para obter sucesso, para buscar projeção, há um interesse por trás, ou não? Nas nossas avaliações uns dos outros também fazemos este tipo de avaliação moral. As pessoas são vigiadas quanto às suas motivações. Por isso, são previsíveis as suspeitas quanto às motivações da caridade ou da esmola.

Mas há ainda o outro lado, o de quem recebe ajuda. É tão mais prazeroso ajudar quando há uma reciprocidade. Se você dá uma esmola, não viu nada da situação real daquela pessoa, não cria nenhuma relação com ela, então a eficiência disto, tanto emocional quanto social, é mínima. Primeiro porque você pode estar dando a esmola na saída da igreja apenas para que sua comunidade o veja praticando este ato. Já quem recebe a esmola, este não participa, não faz nada, limita-se a receber e a continuar recebendo, e segue vivendo assim. De certo modo, este recebedor abusa desta cooperação. A melhor relação é a relação equilibrada, em que você dá alguma coisa, mas o outro também está nela inteiro, ele não está vivendo às expensas de sua caridade.

Um como doador universal e outro como receptor universal.

DE BRITO – Quando saímos da condição em que um é doador universal e o outro receptor universal há um crescimento. Por isso os trabalhos de voluntariado são tão mais satisfatórios quando ocorrem com grupos onde há reciprocidade, grupos que fazem alguma coisa um pelo outro. Não precisa ser uma troca, mas uma situação em que as pessoas estão evoluindo, estão dando sua contribuição e estão presentes como pessoas. Quer dizer, quem ajuda está vendo pessoas. Pois, se não estiver vendo pessoas, ele vai ser reconhecido por quem? Por alguém que só o pode reconhecer porque não lhe resta outra alternativa? Este não é um reconhecimento que valha a pena. O reconhecimento que vale a pena é o reconhecimento do outro que pode recusar, que pode dizer "isto aqui que tu estás me dando eu não quero, porque não é autêntico". Há um alto grau de exigência moral nessa troca, de um lado e de outro. Isto gera eficiência, porque reforça as relações emocionais e sociais. Talvez o assistencialismo não seja bem visto, nem à esquerda nem à direita, por causa dessa questão.

> *A pobreza por si não gera violência. A diferença gera.*

É claro que a partir dessas leituras criam-se teorias, ou ideologias, sobre como as coisas funcionam. A crítica que vem da esquerda é que a benemerência é o ato do pequeno burguês, que quer ter uma boa consciência mas continua explorando, quando o que seria necessário é uma mudança radical no sistema. Existe aqui toda uma crítica ao modo de organização social – que considero unilateral, porque não leva em conta esta outra dimensão, a dimensão humana que estamos discutindo. De outro lado, também a direita pode criticar a benemerência, por achar que ao simplesmente doar e doar você não está promovendo nenhum benefício real, nenhuma melhora, pois a outra pessoa não está participando. Mas nenhuma dessas situações caracteriza o que acontece no voluntariado bem-sucedido.

O voluntariado bem-sucedido é aquele que acontece entre pessoas que podem dar-se algo, e o que elas podem se dar é um reconhecimento maior, o valor que elas constroem na ajuda, que é uma ajuda respeitosa, por assim dizer. Essa é a interação que ocorre quando as pessoas dizem "ah, eu me sinto muito bem ajudando". Em um trabalho que realizamos, um alto executivo, que dirige uma empresa multimilionária, nos relatou a falta que lhe fazia aquele momento em que ele pode dedicar-se ao seu trabalho voluntário. Naquela lida ele não se impõe pelo posto que tem, e só vale a pena para ele quando consegue isso, quer dizer, consegue algo que não pode comprar, que é um certo tipo de relação com pessoas. Isso é fundamental no voluntariado. E isso tem uma eficácia social, porque constrói pessoas mais felizes e não deseduca o outro. O outro tem de ser capaz. Isso é manter o equilíbrio.

Não há Estado que possa produzir isso. Só as pessoas podem fazer isso: manter o mecanismo do *voltar a se equilibrar.* Várias religiões inclusive instituem mecanismos que garantam a reinstauração do equilíbrio entre quem dá e quem recebe. No judaísmo arcaico, por exemplo, havia a regra de que de tempos em tempos as dívidas deveriam ser equilibradas. Se a diferença entre quem toma e quem dá crescesse continuamente, o devedor ficaria numa situação cada vez pior, enquanto o credor ficaria numa situação de cada vez maior superioridade. O judaísmo interpretou que precisa haver um mecanismo de regulação. Mesmo que o desnível não desapareça, diminuirá.

O pior cenário é o da grande diferença. Isso se vê bem, por exemplo, na Índia, nos trabalhos de Amartya Sen sobre violência e pobreza. A pobreza por si só não gera violência. A diferença gera violência. O cenário do Rio de Janeiro é tão agressivo porque as discrepâncias são enormes, a favela ao lado do condomínio rico, o desequilíbrio é gritante. Nas sociedades mais equitativas, mesmo que haja alguma diferença, o equilíbrio pode levar a uma cooperação social. Já em sociedades muito desenvolvidas, nas quais há o equilíbrio mas falta o contato social, as pessoas fenecem enquanto indivíduos, tendem a apresentar taxas de suicídio muito altas. São sociedades em que as pessoas vivem muito sozinhas, falta contato humano.

... vem a melancolia.

DE BRITO – Exato. A vida perde o sentido. A vida boa é a vida em um grupo que se gosta.

Existe uma tendência hoje de deixar de lado o voluntarismo, a ajuda que pode até ser bem intencionada mas é desarticulada, e seguir por um caminho mais organizado. O Terceiro Setor está caminhando para isto,

está começando, pelo menos. O desejo de ajudar está se organizando, vamos dizer assim. Algumas organizações inclusive estão se colocando em rede, para ampliar os resultados.

DE BRITO – Tudo o que nós, seres humanos, começamos a organizar, daqui a pouco se institucionaliza. Nós organizamos nossa cooperação, a articulamos e institucionalizamos. Temos atrás de nós uma cultura de organização de séculos, então temos muitas ferramentas para fazê-lo, servimo-nos do que outros construíram para calçar a nossa cooperação. Isso é muito natural, mas pode transformar-se em um problema. Um movimento, quando se institucionaliza, pode perder isto que podemos chamar de sua espiritualidade. No caso do voluntariado, pode perder-se justamente o que o torna tão eficiente do ponto de vista humano: a gratuidade. Os movimentos sociais se constituem primeiro de uma maneira espontânea e depois se institucionalizam, e quando eles se institucionalizam podem perder o elan, podem perder a capacidade de fornecer às pessoas a recompensa emocional, porque se tornam burocráticos.

O historiador mexicano Jorge Castañeda, quando esteve recentemente em Porto Alegre, disse que vê o Terceiro Setor, as organizações da sociedade civil, como a grande alternativa para o desenvolvimento democrático. O problema, segundo ele, é que elas muito rapidamente perdem o frescor, deixam de ter "música". Seria o mesmo que o senhor está falando agora?

DE BRITO – É. Quando as pessoas e seus movimentos conseguem se organizar, outra coisa vai começar, outra coisa que não seja tão organizada, e por caminhos que não estavam previstos. Pense na religião, por exemplo: quando se torna institucional demais, começa a perder o apelo popular, terá de se renovar. O que é isto, renovação da igreja? São as pessoas procurando de novo o frescor, a autenticidade dos encontros que não podem ser mediados, porque quando eles estão muito institucionalizados perdem o poder da gratuidade. Quando está tudo funcionando bem, esses movimentos têm que se reinventar. Constantemente. E eles são reinventados. Isto independe de quem os dirige.

Quer dizer que o inimigo mortal de uma organização como esta seria a institucionalização excessiva. Quando ela se torna muito bem-sucedida sob o ponto de vista de se alastrar, com uma grande estrutura...

DE BRITO – Morreu. Ela vai ser substituída. Isto acontece permanentemente com os movimentos sociais. Os movimentos sociais têm um *boom*, e o momento em que alcançam seu objetivo é quando começam a se desmantelar.

Muitos percebem os movimentos da sociedade civil como uma alternativa diante da crise das ideologias tradicionais, de esquerda e de direita. A de esquerda já entrou em crise, mas a de direita está entrando também, principalmente talvez pela questão ambiental, que está colocando limites muito claros. Dos movimentos sociais

é que partiria a reconstrução de que estaríamos precisando, para não nos colocarmos em risco como espécie. Esse movimento conjunto, que pensa à parte das grandes ideologias postas, é que seria uma resposta. Mas, diante do que o senhor colocou, de que no momento em que a coisa muito se institucionaliza também já perde seu prazo de validade, fica vencida, como ficaria isso?

DE BRITO – Eu não acho que haja uma alternativa ao que está aí. Pior ainda, nós não precisamos dessa alternativa.

Melhor ainda, então.

DE BRITO – Sim, melhor ainda! Não acho que as coisas estejam realmente tão ruins. Quando se olha pontualmente a História, pode nos dar essa impressão. Mas quando se olha o grande arco da história da espécie, ela não está realmente ameaçada. Mesmo que nossos desatinos levassem à morte de milhões de pessoas, ainda assim a espécie não estaria ameaçada, se ainda tivéssemos um meio ambiente propício. E o que nos trouxe até aqui é toda essa rede de cooperação que somos capazes de construir, que nos torna hoje muito capazes de reagir às adversidades que nós próprios estamos criando. Também não estou sendo otimista, não estou dizendo que não vai acontecer nenhuma catástrofe, provavelmente vão acontecer muitas catástrofes. Mas qual a resposta humana que podemos dar? A resposta que sempre demos, que é a resposta cooperativa. Temos aí uma nova dimensão, que é a dimensão das ações globais. Não sabemos como isto vai se organizar, está recém acontecendo. São cenários ainda obscuros, as respostas que vamos dar não estão prontas.

O que eu acho muito importante, e talvez nessa altura um esclarecimento moral seja fundamental, é que em todas essas mudanças o homem não muda. Nós não somos outro homem, as nossas necessidades básicas continuam relativamente as mesmas, cooperação, vida em sociedade, pertença a grupos. Então não vejo que esteja tudo carecendo de uma resposta radicalmente nova. Contudo, queremos viver melhor.

Então, os movimentos da sociedade civil serão uma resposta neste sentido? No Rio Grande do Sul, por exemplo, 230 mil pessoas já aderiram à Parceiros Voluntários. É, portanto, um volume respeitável de gente em busca de melhoria social e ambiental, em um trabalho que tem várias frentes. Isso já não configura uma alternativa, uma resposta da sociedade ao desejo de viver melhor?

DE BRITO – Com certeza é. Nós, no Brasil, estamos mudando nosso paradigma, estamos nos tornando uma sociedade mais civil, e uma sociedade civil mais forte. Ao que parece, um movimento que não tem mais volta, diante do esgotamento das possibilidades do Estado, mas também por termos conseguido equacionar problemas econômicos graves, como a inflação. A sociedade civil vai ganhando mais e mais espaços, políticos inclusive. Movimentos como esse fortalecem a sociedade civil, permitem

O tecido social se sustenta não pelas instituições, mas pelas relações.

que a sociedade faça por si mesma, que as pessoas tomem a iniciativa. À medida que se organizam, o alcance dessas iniciativas aumenta. Mas também não tenho dúvidas de que essa ação vai se institucionalizar, vai se tornar hegemônica e vai se transformar. Como aquilo que se institucionalizou tem dificuldade de ser mudado, as mudanças acontecem na periferia do que se institucionalizou. Outra coisa vai precisar aparecer, porque há necessidades que não vão estar previstas neste atendimento de hoje. Pode até ter as mesmas características, a mesma espontaneidade, que é a força do movimento hoje.

As pessoas que trabalham como voluntárias têm um grande desejo de saber se a ação delas têm, afinal, significado, se esse trabalho faz diferença para alguém. Existe algum tipo de indicador que possa nos dizer se a ação voluntária organizada produz mudanças importantes?

DE BRITO – Como se poderia medir o impacto da ação do voluntariado? É claro que isso não é uma trivialidade, é preciso que se estabeleçam critérios, parâmetros, indicadores. Exige um trabalho científico respeitável para definir isso do ponto de vista econômico, inicialmente. Agora, visto em grandes linhas, é relativamente óbvio que o trabalho de duzentas mil pessoas move alguma coisa. Tem um conjunto de ações que foram realizadas, e isso mudou alguma coisa. Certas ações não existiriam, certas organizações inclusive não existiriam, se não fosse o trabalho dos voluntários, se não fosse a organização que ele promove. Assim, por um lado, é relativamente simples ver que isso tem um efeito. Qual o tamanho desse efeito do ponto de vista econômico? É complicado medir. Qual o tamanho do efeito ideológico? Mais difícil ainda, porque do ponto de vista ideológico as coisas acontecem de maneira realmente lenta, e é no contato pessoa a pessoa.

É o mesmo fenômeno que se verifica na formação de cultura.

DE BRITO – Ótimo exemplo. Esse movimento vai contribuindo para uma mudança de cultura. Ninguém é dono da cultura. Alguém deu uma contribuição, essa contribuição talvez nem seja a que ele gostaria de ter dado, mas algo ele está acrescentando. É como se fosse um grande mercado, no sentido da *ágora*, do lugar onde as pessoas se encontram para fazer trocas, essa é a cultura. Você não controla isto. Este caldo aí, duzentas mil pessoas agindo, está contribuindo para a formação de uma cultura. Para onde isso vai? Ninguém tem o controle. É muito difícil também avaliá-lo. Impõe-se um trabalho que é sempre sobre o passado, e vai da sociologia à história: como é que aquelas ações puderam influenciar? Esse trabalho terá sempre um viés e uma abrangência restritos. Como isso de fato acontece nós não sabemos, as variáveis são muito numerosas. É impossível apreender isso num processo científico.

O que nós sabemos é que nós temos que continuar nesse processo. Continuará sendo uma necessidade.

DE BRITO – Claro. Mas eu até nem diria que nós temos de continuar. Digamos que a diretoria da Parceiros Voluntários dissesse "olha, fizemos um vasto estudo e chegamos à conclusão de que isto não adianta". Decidem parar a Parceiros Voluntários. Isto não significa que o movimento morra. Ele continuaria. O fato é que as pessoas vão continuar fazendo coisas dessa natureza, e essas organizações vão continuar a surgir fora do institucionalizado, fora do que está posto. É inevitável.

Só que o fato de estarem sendo alcançadas ferramentas de organização e gestão muda bastante o resultado. Sob o ponto de vista do número de pessoas que poderiam receber essa ajuda da comunidade, por exemplo. Se ajo individualmente, com minhas ferramentas limitadas, sem planejamento, sem saber direito de onde tirar recursos, porque eu não domino essas estratégias, a minha capacidade de agir em benefício da sociedade é limitada.

DE BRITO – É certo, e a palavra-chave é ferramenta. Aquele indivíduo que tem a motivação profundamente humana do atender tem sua motivação potencializada quando encontra um grupo que tem instrumentos, ferramentas. O alcance do que ele faz agora é enorme. Com certeza, encontrar algo organizado potencializa os resultados da minha ação.

Uma questão que os voluntários levantam muito também diz respeito ao preconceito social. A sociedade seria preconceituosa com tudo, com negros, com pobres, com mulheres, deficientes, e isso eles vêem como uma dificuldade grande a vencer. Será que essa ação conjunta tem a capacidade de mexer nisso, de deslocar um pouco o preconceito na nossa cultura?

DE BRITO – Acho que sim. E acho que isso nunca vai ser vencido inteiramente. Do que se trata? Trata-se de estabelecer vínculos entre pessoas, e nós temos capacidade limitada de estabelecer vínculos. Todas as relações têm um custo para nós, emocional e energético. Se você tem relações demais, acaba estressado, não tem como administrar. Por conta disso, é natural que as pessoas confiem apenas limitadamente na maior parte das outras pessoas. Somos seres dependentes, portanto expostos demais, podemos facilmente ser prejudicados. É natural que nasçam preconceitos. Como não conseguimos dominar as informações de maneira tão individualizada, estabelecemos generalizações: certos lugares você vai evitar, certos grupos... Se não entendermos o ser humano assim, ficaremos exigentes demais, podemos entrar em uma ansiedade tola, de que as pessoas tinham de ser todas santas, o que não é compatível com o que somos de fato. Então não vamos terminar com os preconceitos, mas obviamente movimentos dessa natureza facilitam a relação entre as pessoas. E eles têm de estar permanentemente fazendo isso. O tecido social não se sustenta com instituições funcionando bem, ele se sustenta com pessoas se relacionando bem. Através das quinhentas pessoas a que eu estou ligado, virtualmente me ligo ao mundo inteiro, porque cada uma delas conhece outras quinhentas, outras quinhentas... Por um lado, conhecemos um número limitado de pessoas e, por outro, estamos ligados ao mundo todo, e precisamos cultivar essas relações. Por isso movimentos dessa natureza devem simplesmente continuar fazendo o seu trabalho. Sempre dirão: "Ah, não conseguimos ainda, temos muito a fazer". Ótimo, é isso mesmo. Os conflitos estão sempre aí, não se deve ter a pretensão de resolvê-los completamente. A tarefa dos movimentos sociais não é resolver o problema humano em definitivo, é continuar a produzir movimentos. Eles não valem pelo resultado final, mas pelo movimento que produzem, porque isso é o que mantém as coisas vivas. A nossa sociedade viva.

Não é um destino, é uma caminhada.

DE BRITO – Uma caminhada, só uma caminhada. Não interessa para onde está indo, é a caminhada que interessa. Com a humanidade no fundo é isso. A humanidade está indo para algum lugar? Não está indo a lugar nenhum, o lugar é sempre o mesmo, sempre o mesmo desejo de viver bem e estar bem com as pessoas.

Amar a humanidade é fácil.
Difícil é amar o próximo.

Henry Fonda

Aproximar-se de uma realidade diferente, vencer preconceitos ou visões estreitas vigentes no meio social em que se vive é um caminho que corre em várias direções. A descoberta de que existem outras alternativas, além de apenas indignar-se ante cenários sociais desfavoráveis, freqüentemente altera também as perspectivas de quem não compõe o grupo dos desassistidos. O descortinar de alternativas pode mexer em profundidade com os que, ao contrário, situam-se nas faixas privilegiadas da população. Essa dinâmica é muito presente em uma organização do município de Santa Cruz do Sul, o Pamsema – Programa de Atendimento das Medidas Sócio-Educativas em Meio Aberto, que acompanha adolescentes em conflito com a lei.

Ligado à prefeitura municipal, que sustenta a equipe técnica, o Pamsema surgiu por imposição do Ministério Público, em 2002, e decolou quando captou um grupo de voluntários dispostos a envolver-se e a capacitar-se para desenvolver este trabalho. Para o juiz da Infância e Juventude da cidade, Cleber Augusto Tonial, "a simbiose que o Pamsema fez com a Parceiros Voluntários mudou a cara do atendimento sócio-educativo em Santa Cruz".

– Os adolescentes que acompanhamos vêm sem referenciais, e os orientadores voluntários se encaixam nessa lacuna porque representam um tutor, um padrinho, um cuidador – analisa Caroline de Freitas, da equipe técnica do Programa. – A idéia não é vigiar os jovens, mas clarear-lhes caminhos, refletir em conjunto, trabalhar também com suas famílias. As atividades que os orientadores desenvolvem com os adolescentes são coisas simples, como ir a um cinema ou restaurante, mas só por se sentirem vistos, por perceberem que alguém se interessa por eles, muitas vezes as opções dos adolescentes mudam. É a diferença que faz o afeto.

É uma verdade antiga, mas nem por isso fácil de ser objetivada. Para desempenhar o papel de cuidadores, os voluntários também precisam ser muito bem acompanhados – e eles o são. Figura atuante no Pamsema, a voluntária Carla Berny exemplifica com um caso ocorrido com ela: acom-

panhava um menino que estava evoluindo bem, mas que acabou sendo recolhido à Fase (Fundação de Atendimento Socioeducativo), em função de um outro processo em que estivera envolvido. "Eu desmoronei", admite ela. "O que me valeu nesse momento foi poder pedir ajuda aos técnicos", ou seja, à psicóloga e à assistente social da equipe:

– Eu valorizo muito isso, esse equilíbrio entre os diferentes envolvidos na ação. Isso é fundamental para o adolescente, mas é fundamental também para o voluntário. O voluntário quer ver mudanças acontecendo, quer mudar as estatísticas. Então é sofrido para ele lidar com frustrações, porque nossa recompensa como voluntários é o resultado, é constatar uma evolução positiva na vida do jovem que acompanhamos. Eu me lembro, por exemplo, de um outro menino, cuja vitória foi enfim conseguir cumprir uma medida. Ou seja, a gente começa a vibrar junto, e por coisas até bem sutis.

Assim como vibram, os orientadores voluntários "sofrem junto" diante de obstáculos nada sutis que percebem no entorno, como a resistência de muitas instituições em abrir suas portas para que o adolescente cumpra uma prestação de serviço. Mas o Pamsema acredita que os resultados que está obtendo, ao aliar ação do voluntariado com ação de órgãos públicos e da universidade local, a Unisc, acabarão vencendo mais este preconceito.

A ação que une diferentes atores sociais em torno do atendimento ao adolescente em conflito com a lei é um diferencial do Pamsema que começa a ser percebido fora dos limites do município de Santa Cruz. Isso traz reforço para a motivação da equipe porque, segundo Sheila Boesel, coordenadora da unidade da PV local, "quem desenvolve esse trabalho deseja mesmo chamar atenção":

– Nós queremos resultados, nós queremos mudar situações e acreditamos no valor do trabalho que fazemos. Por isso, nos sentimos como se estivéssemos o tempo todo pedindo que olhem para nós e nos apóiem. À medida que a rede se expande, abrem-se caminhos. E nós precisamos abrir caminhos, para que meninos e meninas desestabilizados e a comunidade se reencontrem, exercitem juntos a tolerância e o prazer da convivência.

FLORA BOJUNGA MATTOS

* Flora Bojunga Mattos é formada em Belas Artes pela Universidade Federal de Pelotas, com especialização em Arte-Educação, e em Psicologia pela Unisinos, com mestrado em Psicologia Social pela PUC/RS. Psicoterapeuta de orientação jungiana, é autora do livro *Procura-se Jung* (Cidadela Editorial, 2007).

NÁDIA MARIA WEBER SANTOS

* Nádia Maria Weber Santos é médica psiquiatra, mestre e doutora em História pela UFRGS, com estágio de doutorado na *École des Hautes Études en Sciences Sociales* de Paris. Professora convidada do curso de pós-graduação em Arteterapia da Feevale, é autora dos livros *Histórias de Vidas Ausentes: a Tênue Fronteira entre a Saúde e a Doença Mental* (Editora da UPF, 2005) e *Histórias de Sensibilidades e Narrativas da Loucura* (Editora da UFRGS, 2008 – no prelo).

AÇÃO SOCIAL E CONSCIÊNCIA DE SI: RETOMANDO A VIDA

CAPÍTULO VII

Lilian Dreyer
Entrevistas com
FLORA BOJUNGA MATTOS e
NÁDIA MARIA WEBER SANTOS

Qual é o impacto psicológico do trabalho voluntário? Como o engajamento coletivo em ações que visam transformar a realidade social afeta os envolvidos? Que significado tem, para a psicologia coletiva, a movimentação voluntária organizada de centenas de milhares de pessoas, instituições e empresas em busca de transformação social?

Estas indagações são hoje tão indispensáveis quanto irrespondidas. Embora sejam muitos os que se ocupam do tema, ele recém começa a ser explorado com a profundidade que sua importância demanda. Talvez porque somente agora o conjunto da sociedade comece a perceber que está diante de um fato novo, de uma nova resposta ao drama antigo da degradação das condições de vida na comunidade humana. Além disso, a psicologia é ainda uma ciência jovem, cujo grande salto, a partir de Sigmund Freud e depois Carl Gustav Jung, aconteceu há cem anos, ou menos, de modo que mesmo premissas básicas continuam em elaboração e diferem conforme a abordagem dos diferentes estudiosos.

Nos estudos de Jung, o aspecto coletivo da psicologia é uma constante. Embora o individual e o coletivo sejam, afinal, indissociáveis, o que de um modo ou outro faz com que todos os modelos psicológicos acabem se interessando por esta dialética, ao longo do século XX o suíço Carl Jung foi um dos que mais se pronunciaram sobre as grandes questões coletivas e como elas estariam afetando o indivíduo, e vice-versa. Isto se deve tanto às características próprias de sua abordagem da psique quanto à sua percepção de que a comunidade humana estava na iminência de um colapso. "O autodesenvolvimento do indivíduo é especialmente necessário em nosso tempo, pois, quando o indivíduo não possui consciência de si mesmo, o movimento coletivo também carece de um sentido claro de desígnio", declarou ele em entrevista à Rádio Berlim, em 1933. Como outros grandes psicólogos e filósofos da época, Jung percebia que a falta de conexão das pessoas consigo mesmas, com sua natureza interior, estava na raiz dos medonhos acontecimentos da Primeira Guerra Mundial, e temia que pelo mesmo motivo viesse a desencadear-se um segundo conflito de grandes proporções – como de fato aconteceu.

O desenvolvimento da ciência exata e da tecnologia, iniciado um século antes, abriu os horizontes humanos, trouxe grandes benefícios e lançou as bases do que hoje entendemos como vida civilizada. Entretanto, alertava Jung, desviou-nos demais das bases instintivas da vida, a ponto de esquecermos de que existe em nós "o homem antigo": todos os medos e as especulações nascidos da experiência da espécie em milhões de anos. Suprimiu-se a naturalidade dos seres humanos, tirou-se todo o espaço daquilo que a natureza queria que eles fossem, e bloqueou-se o acesso aos registros sobre o modo como enfrentaram a vida ao longo dos tempos. Ao superestimar a importância do intelecto e da mente consciente, a era moderna "cometeu o erro imperdoável de menosprezar o homem real, a favor de uma idéia abstrata do homem". Por que seria este um erro imperdoável? Porque, segundo Jung, "o pensamento puramente intelectualista, analítico, atomístico e mecanístico empurrou-nos para um beco sem saída". Numa palestra proferida nos Estados Unidos, em 1931, profetizou: "Quando países inteiros evitam essas advertências, e tornam-se uniformemente neuróticos, estamos em grande perigo. A última guerra, pensava eu, ensinara-nos algo. Ao que parece, nada ensinou".

Se estivesse vivo hoje, é provável que continuasse a fazer-nos o mesmo alerta. Entramos no século XXI, mas trouxemos conosco o grave problema do século passado. Pois qual é o perigo, o beco sem saída? Primeiro, que a vida inconsciente, a vida instintiva, interfere no comportamento das pessoas, quer elas queiram, quer não; quando, em vez de serem harmonizadas com a consciência, as motivações da vida inconsciente são reprimidas, são relegadas à *sombra*, apartadas da vida real, o resultado é que, mais cedo do que tarde, elas irrompem como um vulcão, provocando todo tipo de estragos e destruição, tanto na vida do indivíduo quanto da coletividade. Segundo, se as pessoas ignoram que dentro de si mesmas (de todos e de cada um) há um potencial de agressividade e de destruição, elas tendem a projetar, a só conseguir identificar esses elementos no outro; a inconsciência as leva a imaginar que o outro é o "culpado", do outro é que vêm os impulsos negativos que impedem uma vida com harmonia.

Na Alemanha nazista, como bem demonstra o documentário *A Arquitetura da Destruição*, de Peter Cohen, foram designados como culpados os comunistas, os ciga-

nos, os judeus, os mestiços, os deficientes físicos e mentais. Mas, na sociedade contemporânea, povos e indivíduos continuam a atribuir o mal aos outros. Seu racionalismo e sua excessiva referência ao mundo externo os levam igualmente a ignorar o universo criativo que vem de dentro e a alienar-se da natureza de modo geral. O sociólogo norte-americano Joseph Campbell, falecido em 1987, uma das maiores autoridades mundiais no estudo dos mitos, das histórias que os seres humanos sempre contaram para explicar o universo e o lugar que ocupam nele, assinalou que nas antigas mitologias "santificava-se não somente o corpo, mas também a paisagem onde os povos habitam". Isto explica a advertência dos índios navajo ao colonizador que queria comprar suas terras, no famoso discurso do
chefe Seattle, pronunciado por volta de 1855: macular a 1
paisagem, ferir a teia da vida, significa "o fim do viver e o começo do sobreviver".

Para Campbell, é isto que está acontecendo conosco: "com nossos velhos tabus mitologicamente assentados sendo desmantelados pela ciência moderna, ocorre por toda parte do mundo civilizado uma incidência, em rápida expansão, de vícios e de crimes, de distúrbios mentais, de suicídios e de dependência de drogas, de lares desfeitos, crianças sem inocência, de violência, de assassinato e de desespero". Assim como Jung, o antídoto que Campbell prescrevia não era, obviamente, desacreditar a racionalidade e a ciência, mas buscar um equilíbrio, re-acreditar a natureza, interna e externa. Em vez de suprimir a vida instintiva, como temos feito, aceitá-la e desenvolvê-la, integrá-la à vida consciente.

Construindo Histórias

Como isto se relaciona com os movimentos do voluntariado organizado? A médica psiquiatra e doutora em História Nádia Weber Santos acredita que a existência deste movimento em si já reflete uma contraposição à inconsciência, ao desequilíbrio que vem degradando as condições de vida na comunidade humana. Segundo ela, "existe hoje na sociedade um descrédito bastante grande de que as pessoas possam ser curadas, de modo amplo. O próprio médico, que sempre encarnou o arquétipo do curador, aquele que salva a vida, está ele mesmo desanimando, conheço muitos que estão até deixando a profissão. Eles estão sem muitas das condições necessárias para o bom desempenho de seu trabalho, e de qualquer modo não poderiam salvar todas as vidas que gostariam de salvar, já que milhões de causas estão vitimando as pessoas. Além das doenças, há muita violência, descaso, contaminação ambiental". Em contraposição, os movimentos voluntários podem, no entender de Nádia, estar mobilizando o "arquétipo de cura", ou seja, a imagem que o "homem antigo" sedimentou sobre as forças que é preciso acionar para restituir a saúde de uma pessoa ou de um povo:

– Quando centenas de milhares de pessoas se ocupam com atos concretos e sistemáticos para conseguir uma transformação social e ecológica, escapando da idéia do "vamos ser bonzinhos", acho que estão mobilizando uma força interior muito grande, uma força do inconsciente. Toda a manifestação do inconsciente só se realiza na consciência, nas consciências individuais. Quando muitas consciências individuais se juntam em um determinado propósito, isto tem um impacto enorme. É o que vimos no movimento das *Diretas Já*. Todo mundo queria as *Diretas Já*, e olha a força que isto teve. Era ao mesmo tempo uma vontade consciente e um impulso inconsciente da população brasileira. Quando ambos se completam, acontece alguma coisa no mundo. Tanto para o bem, no *Diretas Já* do Brasil, quanto para o mal, como no caso do Movimento Nacional Socialista da Alemanha. Sempre que há movimentos assim, ocorrem mudanças sociais intensas. No momento em que as ações individuais se somam, isso produz uma profunda mudança psíquica também. Então, eu acho que se em cada uma dessas pessoas voluntárias, as que estão fazendo voluntariado real, existe essa força mobilizada em seu interior, certamente o trabalho realizado vai dar um fruto bom.

Só podemos despertar o outro como sujeito se também estivermos vivendo este processo.

Para a psicóloga Flora Bojunga Mattos, o voluntariado conseqüente representa um poderoso estímulo para a geração de um senso de comunidade, porque rompe a barreira de "analfabetismo emocional e social, que hoje se verifica em todas as camadas sociais e que precisa ser enfrentado, para que a sociedade mude". Assim como Nádia, Flora acredita que "não podemos prescindir dos governos, mas não dá mais para ficar esperando por eles, as pessoas têm que agir, e rápido, se quisermos atravessar esse crescente espaço que está ficando entre nós e os outros". Ela toma como exemplo o que tem constatado no trabalho voluntário que ela e as profissionais de sua clínica realizam, ao abrir a casa para atendimentos gratuitos, dispensando-lhes tratamento semelhante ao dos atendimentos pagos:

– Quando as pessoas em tratamento gratuito chegam ao consultório, é notável o seu constrangimento. Sentam na pontinha do sofá, achando que estão tomando indevidamente o nosso tempo. Dizem "ah, não, isso que eu tenho nem é tão importante assim". Elas vêm porque foram encaminhadas, porque alguém lhes disse que tinham que vir. Até essa pessoa conseguir realmente sentar-se, encostar-se no sofá, não se consegue iniciar o trabalho, porque ela acha que é indigna de ter aquele momento para refletir sobre si mesma. Acontece que hoje, quando algum atendimento é gratuito, é comum que de fato não seja tratado com dignidade, impõe-se tempos de espera muito longos, mantém-se uma distância, há uma dificuldade de as pessoas se perceberem como iguais. Bem, nós não somos mesmo iguais, como indivíduos somos todos profundamente diferentes, mas nos direitos devemos ser iguais. As pessoas que hoje estão economicamente prejudicadas estão também com a sua auto-estima prejudicada. Muito prejudicada. Pode-se fazer tantas coisas boas com o dinheiro, mas como em nossa sociedade, infelizmente, o dinheiro tomou um vulto exagerado, como estamos possuídos pela loucura do dinheiro, aqueles que não o têm ficam não apenas com a sua auto-estima afetada, mas com a sua vida cerceada. Eles mesmos não conseguem mais se colocar com dignidade no mundo, porque tudo gira em torno de dinheiro. Por isso, considero o trabalho voluntário especialmente importante, porque ele pode quebrar esse paradigma.

Neste ponto, o aspecto psicológico do trabalho voluntário alcança uma outra dimensão, adquire um significado da maior relevância para as pessoas envolvidas: o despertar de seus processos internos, seu autodesenvolvimento. Flora Bojunga, que conhece os princípios da Parceiros Voluntários, por ter se inscrito como voluntária e verificado a importância que há em chegar com uma credencial respeitável no local onde se pretende voluntariar, destaca que o principal diferencial entre as instituições que lidam com voluntariado está em sua filosofia de ação. A Parceiros, por exemplo, se orienta pela noção de que o trabalho deve ser feito de tal modo que aquela pessoa que é no momento objeto de ajuda se transforme em sujeito de sua própria história. "Isto está certo", avalia Flora:

– Quem faz um trabalho voluntário tem mesmo que ter em mente trabalhar com o sujeito, porque só o sujeito pode construir a sua história. O voluntário é um facilitador, aquele que propicia a construção. E para que possamos cumprir esse papel, primeiro temos que ser sujeitos de nossa própria história. Colocar no nosso caminho o objetivo de nos tornarmos quem realmente somos, vivenciar esse processo que Jung chamou de *individuação*. As pessoas que trabalham como voluntárias em ações sociais teriam que estar em busca de si mesmas. Só podemos despertar o outro como sujeito se também estivermos vivendo este processo. Mesmo que o nosso papel como voluntários seja uma tarefa simples, como ministrar uma oficina ou ensinar tricô, mesmo nisso temos que conseguir despertar nas pessoas a manifestação de si mesmas, que sejam cada vez mais elas mesmas.

Clareando Motivações

Jung dizia que "o homem é sempre um indivíduo, mas nem sempre é ele mesmo". Se não é ele mesmo, quem mais poderia ser? Um personagem, uma persona. E o que é uma *persona*? A persona é a imagem que construímos de nós mesmos, nem sempre, ou quase nunca, de forma consciente. É um papel que desempenhamos, seja porque gostaríamos que as pessoas nos vissem de determinada maneira, seja porque não temos a coragem de afrontar uma receita que recebemos, um modelo bem aceito pela família ou pela sociedade em geral. A persona é uma máscara útil, quando serve para facilitar nosso trânsito social; um médico, por exemplo, muito mais facilmente terá crédito junto aos pacientes se ele *parecer* um médico, demonstrar um padrão de comportamento compatível com esta função. O problema surge quando a pessoa se identifica com um papel social, passando a acreditar que ela *é* esta imagem que projeta ou quer projetar. Com isto ela se afasta de si mesma e passa a viver em conflito, consigo e com os outros, porque aspectos importantes de sua personalidade, os reais motivos de sua natureza interior, estão obscurecidos, ficam na sombra. Uma sombra que ela própria não vê, pois está às suas costas, assim como nossa sombra física – mas que os outros podem ver.

A doutora Nádia Santos exemplifica com o caso de um menino com grande aptidão para informática que, por influência da família, uma família ligada ao meio médico, foi cursar Medicina. Ao optar por uma carreira mais valorizada socialmente, relegando suas aptidões interiores para a sombra, a conseqüência foi que ele passou a apresentar crises epilépticas durante as aulas na faculdade. "Jung falava de dois tipos de pessoas neuróticas: aqueles homens coletivos, que vivem dentro dos padrões normais da consciência coletiva, de individualidade subdesenvolvida, e aqueles individualistas, de atrofiada adaptação ao coletivo. O primeiro precisa resgatar sua individualidade; o segundo, adaptar-se mais ao meio e aprender a viver coletivamente. Ambos se encontram afastados de sua natureza, gerando os graves erros neuróticos que acometem as sociedades", explica Nádia. "Hoje em dia, um desses erros é a busca exclusiva da sobrevivência ou do dinheiro como uma finalidade em si, ou ainda do estilo de vida que a propaganda enaltece. Este passou a ser o sonho de um grande número de pessoas, tanto que se tornou usual falar em *sonho de consumo*. Muitos, talvez a maioria, buscam essas coisas, em vez de buscar realizações. E essas coisas não falam à alma, nem nos permitem viver nossa autêntica individualidade, nossos potenciais".

Mover-se como um personagem é, naturalmente, um grande risco nas situações de grupo, pois dá margem a todo tipo de conflito – as pessoas começam a desconfiar que alguém tem "duas caras", por exemplo – e torna-se um fator comprometedor de todo esforço que alguém possa dedicar em uma relação de assistência ou de trabalho voluntário. Existe uma quase unanimidade entre os profissionais que atuam em organizações assistenciais da sociedade civil sobre os problemas causados por voluntários que se orientam mais pelo desejo de resolver seus próprios problemas ou de projetar uma "boa imagem". Nádia Santos é enfática a respeito:

– Não deveríamos nos dedicar a ações que envolvam contato de pessoa a pessoa movidos apenas por uma persona. É aqui que emerge a tão criticada atitude assistencialista, aquela situação em que se ajuda os outros para poder dizer que se está ajudando. Se estou identificada com uma persona assistencialista, eu me vejo como aquele que proporciona aos outros que se sintam bem. Muitas vezes, vou projetar nos outros, tentar realizar nos outros, melhorias de vida que não consigo realizar comigo mesma. Conheci uma auxiliar de enfermagem, em um posto de saúde, que era ótima dentro do posto, era muito carinhosa com os pacientes, fazia visitas domiciliares, mas um dia descobriu-se que em casa ela batia nos filhos e não conseguia lidar com o marido alcoolista. Quer dizer, ela era maravilhosa para ajudar os outros, mas não conseguia ajudar sua própria família. Quando alguém se vê como aquele que auxilia os outros, inclusive deixando de se auxiliar a si mesmo, as relações que estabelecerá deixam de ser autênticas. Ele é aquele que se doa e ajuda, o outro é aquele que recebe passivo, e esse tipo de relação utilitarista produz coisas negativas. Para ele próprio, certamente, mas para a sociedade também. Um dos riscos, no caso, é o de levar os assistidos, aqueles que teoricamente estariam sendo ajudados, a reforçar um papel de "coitadinhos", de desvalidos, quando na verdade deveriam estar sendo estimulados a se modificar e se transformar. A conseqüência mais básica é que a ação não vai ter resultado. A mudança radical de que a sociedade precisa não vai acontecer. E todos os envolvidos deixam de trilhar o caminho de tornar-se quem realmente são.

O intelecto está produzindo escuridão, porque lhe cedemos um lugar demasiado grande.

A psicóloga Flora Bojunga concorda: estes riscos são reais e é indispensável estar atento a eles. Mas ela chama atenção para o outro lado da moeda. Mesmo que uma pessoa esteja confusa com respeito a suas motivações, mesmo até que ainda não esteja conscientemente empenhada num autoconhecimento, ainda assim vale a pena que ela se aproxime de movimentos voluntários, se este for o seu desejo, exatamente pelo potencial de transformação pessoal e de aprimoramento humano que eles carregam, e nisso ela também é enfática:

– Uma pessoa que quer fazer trabalho voluntário já demonstra uma disposição, e a disposição é importante. Sinal de que há ali um germe, de que ela está ligada no seu potencial de transformação. É possível que ela não tenha desenvolvido esse potencial porque alguma coisa ela ainda não descobriu, então o trabalho voluntário pode ser para ela um caminho. No que o contato com o outro, com o próximo, vamos dizer assim, pode auxiliar o meu processo? Em muitos aspectos. O outro muitas vezes vai ser o nosso espelho. Seja porque nos incompatibilizamos e isto nos incomoda, e neste caso o outro pode estar espelhando alguma coisa que não queremos ver em nós mesmos, seja porque nos sentimos atraídos. Se admiramos uma pessoa, podemos estar vendo nela qualidades que também temos, mas não acionamos, ou não estamos conseguindo acionar no momento. De qualquer forma, o encontro com o outro auxilia o nosso processo de individuação. Isto também faz parte de nossa natureza: nós não somos seres isolados, e acredito que somos seres solidários por natureza. Hoje vivemos, no âmbito coletivo, como seres individualistas, mas nós não *somos* individualistas, nós *estamos* individualistas, e ao permanecer nesse estado nós agimos na contramão de nossos próprios interesses. Por isso mesmo, é preciso que se faça um trabalho de consciência com quem é educador, e penso que os grupos de voluntariado acabam sendo educadores. O contato com o próximo pode ser uma espécie de ignição, vai dar um start em alguma coisa, mas depois é preciso entrar com outros processos, de educação, de conscientização, para que aquele ímpeto inicial realmente se transforme em uma atitude de vida, algo que se manifeste não só em situações de voluntariado, mas na vida cotidiana. Não adianta eu me inscrever em alguma proposta se aquela proposta não estiver também inscrita em mim.

Flora acredita que poderiam inclusive ser desenvolvidas novas frentes para o voluntariado, focadas em seu potencial de alfabetizadores sociais. Na esteira de ações como a das Tribos de jovens da Parceiros Voluntários, poderia haver outras iniciativas visando reforçar intercâmbios. Ela percebe, por exemplo, que "em muitas escolinhas está se fazendo um esforço para levar às crianças ilustrações práticas sobre o que é respeito, o que é solidariedade, coisas ótimas, mas falta a presença de pessoas que vivenciam outra realidade social, falta trazer para perto das crianças sem dificuldades financeiras a realidade das crianças que não tem as mesmas oportunidades, para que venham a ter outra postura no mundo". Assim, estas escolinhas poderiam receber voluntários que lhes trouxessem informação de outra ordem. "A influência do voluntariado no sentido das mudanças que são necessárias poderia ser ampliada se fizéssemos um trabalho também com as classes mais abastadas – que inclusive têm condições de remunerar esse trabalho", sugere a psicóloga. "Seria também uma maneira de contribuírem com recursos para trabalhos em locais materialmente necessitados."

Recuperando a Sabedoria

Em uma palestra na Universidade de Harvard, em 1936, Carl Jung disse:

"As pessoas têm-se mostrado perplexas com a guerra, com o que tem ocorrido na Rússia, Itália, Alemanha, Espanha. Essas coisas cortam-lhes o fôlego. Perguntam-se se vale a pena viver, porque perderam suas crenças, sua filosofia. Indagam-se se a civilização terá realmente feito qualquer progresso".

Neste início do século XXI, mudaram as condições históricas, mas a perplexidade é a mesma. E hoje se poderia acrescentar outra indagação: terá a comunidade humana a força necessária para reverter os danos causados à teia da vida? Para retomar o caminho do viver, ao invés de enveredar pelo simples sobreviver?

Jung possivelmente responderia hoje o que respondeu no século passado:

"Em última análise, a maioria de nossas dificuldades provém de perdermos o contato com os nossos instintos, com a antiquíssima e não esquecida sabedoria armazenada em todos nós".

O dado novo é o fato de que os movimentos de transformação social baseados na força do engajamento voluntário já são um fenômeno de grandes proporções no mundo todo e que existem modelos extremamente criteriosos com relação a escolha de métodos e avaliação de resultados. Modelos que apostam não mais na ação de massas amorfas guiadas por coletivismos cegos, mas em indivíduos desenvolvidos e orientados por um sentido claro de desígnio coletivo.

É verdade que os indivíduos que compõem estes movimentos ainda são minoria ou, pelo menos, seria melhor se já fossem em maior número. "As pessoas estão se dando conta de que as coisas estão erradas, sim, mas o comodismo ainda é maior, o descaso é maior, o medo de enfrentar é maior", lembra Nádia Santos, acrescentando a este quadro um traço preocupante:

"A sociedade hoje está ligada demais ao álcool e às drogas, lícitas e ilícitas, que amortecem a consciência. Muita anestesia. Isso anestesia o quê? Anestesia a dor, a dor do dar-se conta. Porque dói dar-se conta de que a vida está ruim, dói dar-se conta de que estamos cometendo erros graves no mundo. Só que ao amortecer a dor se amortece também a reação à dor, que seria saudável e construtora. Como é que o corpo nos avisa de que algo vai mal? Pela dor, a dor nos obriga a localizar o problema e fazer algo a respeito. A psique também é auto-reguladora, toda dor sentida psicologicamente tem um sentido e pode nos levar a mudar. Quando as pessoas se amortecem, seja por qual meio for, elas perdem o ímpeto para esta mudança".

Mas isso, acreditam ambas as terapeutas, é motivo mais para insistir do que para desistir. O acomodamento da sociedade a situações intoleráveis deve mais reforçar do que desestimular a busca por parte dos que já estão engajados, como expressa Flora:

"A mudança se faz a partir de si mesmo. Sempre que alguém se transforma, se torna mais autêntico e integrado à sua verdade interior – isto quer dizer: conectado com a vida no sentido amplo – afeta positivamente os grupos com quem convive. Sua mudança tem um efeito multiplicador. E o trabalho voluntário em que existe uma real disponibilidade, uma real entrega de si, além de auxiliar o desenvolvimento da própria pessoa, vai surtir efeito no outro. Surtindo efeito no outro, vai surtir um novo efeito em nós. A relação fica sinérgica. E isso é transformação, transformação é exatamente isso".

Nádia Santos também se posiciona:

"Quando se imaginam interações recíprocas ocorrendo em larga escala, pode-se dizer que ocorrerão mudanças positivas em grande escala, claro que sim. Isso muda o mundo".

Ou, como disse Carl Jung em entrevista a um jornal suíço em 1959, antecipando o que viria a ser um dos grandes temas do início do século seguinte:

"Em nossos dias, é o intelecto que está produzindo a escuridão, porque lhe cedemos um lugar demasiado grande. A mente discrimina, julga, analisa e enfatiza as contradições. É um trabalho necessário, até certo ponto. Mas a análise mata e a síntese dá vida. Temos que descobrir como voltar a pôr cada coisa em conexão com tudo o mais".

A Vida é muito curta
para ser insignificante.

Charlie Chaplin

Elas não poderiam ser mais diferentes, nem mais parecidas. Kika e Tereza, duas mulheres ousadas. Kika, ou Maria Francisca Allgayer, sobreviveu a um acidente de automóvel, aos 21 anos. Foram necessários três anos para que se recuperasse e pudesse voltar ao trabalho em uma multinacional, na cidade de Pelotas. Aos 35 anos, foi estudar História. Anos depois de passar pela faculdade, reencontrou o professor Felizardo, intelectual reconhecido, que a pediu em casamento. Ela decidiu que aquele era seu momento de viver em plenitude o amor, e assim foi. Experimentaram juntos doze anos de total felicidade, e então Felizardo morreu. Kika, que sempre havia encarado sua vida como um lucro, apesar das incontáveis cirurgias a que teve de submeter-se ao longo do tempo, finalmente desanimou.

Tereza Menezes de Abreu nasceu em Alegrete, e aos nove anos de idade já era pedreira e pintora. Ainda jovem, transferiu-se para a capital, onde trabalhou como doméstica, até a aposentadoria. Tinha então amealhado casa própria, laços com sobrinhos e, finalmente, disponibilidade para curtir a vida. Neste momento, foi-lhe diagnosticado um câncer de útero. A notícia tirou-a do eixo. Submeteu-se a uma cirurgia, que foi bem-sucedida. Exceto por um detalhe: havia recebido uma transfusão de sangue contaminado. Sobrevivente do câncer, descobriu-se soropositiva para HIV. Tereza, que sempre buscou proteger os outros com seus dons de cura e vidência, perdeu o senso de ser útil e a companhia de pessoas que até então considerara amigas verdadeiras.

Kika soube da Parceiros Voluntários assistindo a um programa de entrevistas na televisão. Dias depois, procurou a ONG, que recém se constituía. Permaneceu encolhida numa cadeira durante a reunião, mas foi cativada pelo senso de solidariedade que captou no ambiente. Capacitou-se como voluntária e foi parar no terceiro andar do Hospital de Clínicas de Porto Alegre - Instituto do Câncer Infantil.

Tereza foi apresentada à Parceiros Voluntários por uma amiga da Polícia Civil. Gostou de todo mundo e foi ficando como voluntária. Dispôs-se a cozinhar o almoço diário de 75 pessoas quando abriu a cozinha comunitária da Rede Compromisso com a Vida - ONG Aids, no bairro Iapi.

O calor da relação com as crianças enfermas evaporou o desânimo de Kika. De início, apenas brincava com elas. Logo passou a fazer-lhes companhia, para que os pais, esgotados pelas vigílias, pudessem recuperar-se. Assumiu o papel de uma espécie de relações públicas. Começou a acompanhar visitantes, desde a casa de apoio, numa rua próxima, até o hospital. A participar de campanhas de arrecadação de fundos e da organização de festas. Kika deixou-se contagiar pelos pequenos pacientes. Vibra a cada um que tem alta, vibra porque atualmente a maioria alcança a cura. A cada Natal, quando o Papai Noel desce de helicóptero no hospital, Kika corre como criança junto com as crianças, para recebê-lo. Como elas, esquece-se das dores do corpo. Vão juntos desfrutar daquilo que (ela sabe) são dádivas supremas: vida e liberdade.

Valorizada pela força que emana de suas mãos, a Tereza praticante de umbanda e benzedeira motivou-se a estudar reiki – já está no terceiro nível. Continua voluntariando na ONG Rede Compromisso com a Vida, onde suas massagens dão grande alívio a quem quer que dele necessite. Tereza crê que é preciso sentir o outro para poder ajudá-lo. A ajuda que oferece sai do coração, a recompensa que recebe volta pelo mesmo caminho. Assim, Tereza amealhou uma fortuna e desfruta sem constrangimentos daquele que (ela sente) é o bem mais raro de todos: a paz de espírito.

Kika, loira, extrovertida, eloqüente.

Tereza, negra, reservada, penetrante.

Resolvidas, felizes, deixam um rastro de saúde por onde passam.

Mulheres ousadas.

ALGEMIR LUNARDI BRUNETTO

*Algemir Lunardi Brunetto é médico oncologista pediátrico, chefe do Serviço de Câncer Infantil do Hospital de Clínicas de Porto Alegre e presidente do Instituto do Câncer Infantil do Rio Grande do Sul.

**O Instituto do Câncer Infantil do Rio Grande do Sul – ICI-RS – oferece desde 1990 tratamento a centenas de pacientes e atua como centro de pesquisa da cura do câncer infantil, o que o tornou referência em toda a América Latina. Localizado no Hospital de Clínicas de Porto Alegre (HCPA), o ICI-RS já realizou mais de 14 mil atendimentos, com índices de cura semelhantes aos dos centros mais avançados do mundo.

Site relacionado:
www.ici-rs.org.br

ENGAJAMENTO VOLUNTÁRIO COM PROJETO E RESULTADO

CAPÍTULO VIII

ALGEMIR BRUNETTO
Depoimento

O Instituto do Câncer Infantil não existiria se não fosse o trabalho voluntário. Em sua constituição, todas as etapas, desde a idealização até a execução dos projetos, foram muito influenciadas pelo trabalho voluntário. Em sua atuação, todo o pensar das ações do ICI-RS é resultado de trabalho voluntário. A execução dessas ações, mais ainda. Nos nossos dois principais eventos, a Corrida pela Vida e o Mc Dia Feliz, é muito clara a sua importância.

A atuação do Instituto é definida pelo engajamento voluntário de um conselho e uma diretoria, por meio destas lideranças a instituição é pensada. A execução dos projetos, na parte assistencial, é feita através da parceria com o HCPA, e os eventos, que sustentam a instituição, são realizados pelo voluntariado. Parte dos atendimentos complementares – como é o caso da recreação, do gabinete odontológico e de várias ações necessárias ao paciente com câncer – também é conduzida por voluntários. É evidente, então, que o trabalho voluntário para nós é essencial.

Entretanto, para que produza os frutos necessários, para que alcance os objetivos traçados nos projetos, grandes ou pequenos, o trabalho voluntário tem de estar integrado dentro do modelo instituído. Passamos de um índice de 30% para 70% de cura do câncer infantil, e isso foi produto de quê? De termos concebido um projeto, com várias etapas, em que uma delas, muito importante, é o desenvolvimento do trabalho voluntário que dá sustentação a esse projeto. Nossa experiência nos permite afirmar que este é o caminho: o trabalho voluntário tem que atuar dentro de uma concepção profissional. Se o voluntariado estivesse encarregado apenas dos eventos e não contássemos com uma adequada estrutura assistencial a pacientes com câncer, o trabalho renderia menos frutos. Porque atender crianças com câncer, várias instituições, vários hospitais podem atender. Mas mudar a história, mudar o índice de cura, para isso foi preciso um alto nível de engajamento ordenado e conseqüente, não só quanto à condução executiva dos eventos que nos dão sustentação, mas em todo o processo de pensar o presente, o passado e o futuro do Instituto do Câncer Infantil.

A instituição do planejamento e as ferramentas de gestão foram fator decisivo para que houvesse um trabalho conjunto de vários atores e se conseguisse uma otimização profissional. Eu sou médico e professor universitário, mas minha qualificação em si pouco teria acrescentado se eu não tivesse me dedicado pelo menos quatro a seis horas por dia, durante os primeiros anos do ICI, de forma voluntária, pensando as estratégias. Em todo grande projeto existe a necessidade de uma liderança, mas qual é o papel dessa liderança? É agregar o trabalho de colaboradores, para desenvolver e atingir um objetivo. E é mostrar às pessoas, nos diferentes níveis de colaboração, do conselho e diretoria aos que participam de eventos e de ações, que vale a pena. Esse "vale a pena" é a grande chave. Se nós decidimos, por exemplo, que vamos dar um passo adiante, vamos construir uma nova sede, isto hoje não tem como acontecer sem o trabalho voluntário, nos diversos níveis. E só acontecerá se em toda a extensão, em todos esses níveis, houver a percepção de que se está avançando. Eu, no papel de diretor-presidente; a pessoa que colabora uma vez por ano na Corrida pela Vida; alguém em escala intermediária, que participa de eventos regulares; aquele integrante do conselho de administração que é uma pessoa muito atarefada e conhecida na comunidade, que pontualmente nos ajuda a encaminhar certos processos – todos somos voluntários, e todos os voluntários precisam estar convencidos de que seu empenho produz algo de valor.

É evidente que, quanto mais organizada a instituição, mais ela precisa de uma estrutura permanente. O ICI-RS tem um estrutura permanente, bem enxuta, para a execução das tarefas. Mas como essa estrutura fixa se relaciona com o voluntariado? Quais os limites de cada um? Nos mais diversos segmentos profissionais, percebe-se em nossa cultura um forte corporativismo. Dentro de uma instituição universitária, dentro de uma grande empresa, em qualquer circunstância o profissional pode sentir-se ameaçado pelo voluntário. Isso precisa ser trabalhado de tal forma que a ação do voluntário se dê no melhor modelo para cada projeto. Por exemplo, no ICI temos voluntários atuando em ações de recreação, mas os nossos profissionais não se sentem ameaçados no seu espaço, pois enxergam esta intervenção como a complementação daquilo que precisa ser feito. É verdade que às vezes as pessoas encontram no voluntariado uma forma de buscar um espaço de trabalho permanente, e não há nada de errado nisso, não impede que se faça trabalho voluntário. O essencial é que ele se realize de acordo com um projeto sério, dentro de uma configuração de profissionalismo, integrado em equipe, com definição de papéis muito clara e com a evidência de que aquele projeto realmente produz resultados. Se não há resultados claramente perceptíveis, o voluntário se desestimula. Este, sim, é um grande problema. A maior facilitação que ocorre em instituições organizadas é sua capacidade de fazer com que o voluntário, desde a sua chegada, perceba que o seu esforço terá resultado ali adiante. No Instituto do Câncer Infantil temos voluntários que estão conosco desde o início, há quinze anos. Por quê? Porque eu acho que eles percebem retorno. O retorno do trabalho, para eles, é ver que alguém se beneficia.

Recentemente fui chamado para a avaliação de um benefício a ser concedido pelo Estado a um hospital, o qual pretendia expandir um serviço apoiado em trabalho voluntário. O problema é que a instituição vinha arrecadando fundos, há quatro ou cinco anos, mas não os empregava na causa. O que aconteceu? Desmotivou os voluntários. Se estou trabalhando voluntariamente em uma loja Mc Donald's e uma pessoa me pergunta por que estou fazendo aquilo, eu quero poder ter clareza na minha resposta, eu quero poder mostrar os resultados deste meu engajamento. Esta seriedade, na totalidade do processo, é fundamental. Se não temos resultados demonstráveis a apresentar, fica-se na superfície do voluntariado, fica-se na mera retórica sobre o seu valor.

Além disso, em meu ponto de vista, é importante que exista um gerenciamento adequado dos processos de trabalho voluntário, para que a pessoa que se engaja se mantenha motivada. Caso contrário, vamos ter um grande número de adesões e um grande número de desistências. Se eu quisesse avaliar a qualidade com que uma instituição utiliza o trabalho voluntário, um critério inicial poderia ser: dos voluntários que chegam, quanto tempo eles ficam e qual é a percentagem que não aparece mais? Enfim, é preciso mostrar resultado, seriedade e transparência com relação à utilização de recursos oriundos desse trabalho, e é preciso dar ao voluntário um *feedback*, para que ele entenda que aquilo que ele faz está valendo a pena. Se não, ele se desestimula.

Definição de Papéis

Como se pode avaliar a importância do trabalho que os voluntários realizam diretamente com pacientes e familiares, como é que isso impacta em uns e outros? Nós tivemos de nos preparar durante anos para poder encontrar um espaço para o trabalho voluntário na parte de atendimento ao paciente, porque é muita responsabilidade delegar ao voluntário uma atividade junto ao paciente, em qualquer nível. Primeiro tivemos de trabalhar o conceito de voluntariado entre os profissionais vinculados ao serviço assistencial do hospital. Tivemos de discutir com eles qual era o papel do voluntário. E eles é que defininiram o processo de treinamento e de acompanhamento dos voluntários, eles desenvolveram isso, de forma integrada. Havendo definição dos papéis, havendo o *job description* que os ingleses usam – o que se espera de você? – não se pede do voluntário nada mais do que aquilo que ele está preparado para dar, mas ao mesmo tempo consegue-se levá-lo ao máximo daquilo em que ele pode colaborar, sentindo-se estimulado, desafiado. Mas sempre com um sentido de trabalho de equipe, dentro do projeto da equipe do hospital.

> ***O voluntário tem que se sentir importante no processo.***

O voluntário também não pode ser jogado numa função de cuidado direto sem ter o devido suporte, tanto técnico quanto emocional. Alguns voluntários chegam ao Instituto do Câncer Infantil porque querem ter um contato com a "coitadinha da criancinha", de uma forma idealizada, e não é assim que a gente vê as crianças. Nós não vemos o coitadinho, nós vemos o paciente, a pessoa. Qualquer coisa que seja feita e dita tem de acontecer de uma forma muito profissional. É preciso que haja um técnico orientador acompanhando as atividades, seja em que nível for, um profissional atento e preparado. Levamos muito a sério esse cuidado porque existe aí um componente de vulnerabilidade emocional. Na área de câncer infantil houve uma grande evolução no processo de conceber uma assistência qualificada tanto sob o ponto de vista da doença em si quanto da recuperação emocional do indivíduo, de sua reintegração plena na sociedade. O processo só funciona a contento quando a instituição está suficientemente organizada para garantir que o paciente tenha o que precisa e a ação do voluntário se dê dentro de um gerenciamento muito criterioso.

Temos conseguido alcançar bons resultados no gerenciamento no ICI porque mantemos um processo contínuo de discussão dentro da equipe, com avaliação permanente do que está sendo realizado. Os voluntários têm sempre oportunidade de participação, em todas as etapas, na discussão de estratégias, em *workshops*, em treinamento específico. Possivelmente ainda não tenhamos atingido um nível ideal, porque a nossa demanda é muito grande, nossos técnicos, nossos profissionais, estão muito focados nos processos de atendimento aos pacientes. Mas valorizamos muito esta participação, mantemos dentro da equipe técnica uma contínua discussão sobre o que o trabalho voluntário representa, no que ele está realmente contribuindo, o que precisa ser modificado, o que até muitas vezes tem de ser suspenso, cancelado.

Existe, assim, um grande cuidado em torno do contato direto do voluntário com o paciente e com o familiar, mas esse contato existe, até porque muitos querem isso, muitos procuram isso. Mas o voluntário tem que funcionar como uma peça dentro de uma engrenagem e não como a máquina responsável por movimentar todo o processo. Nós hoje alcançamos uma crescente valorização, entre os profissionais da área da saúde, de aspectos que antes não eram reconhecidos como tão importantes, como é, por exemplo, a questão do brincar, o impacto que tem oportunizar o brincar, a recreação em suas diversas formas, de acordo com a idade de cada paciente. Esta é uma área muito interessante. Nós contamos com o apoio de artistas, pessoas que em determinados momentos vêm ao hospital especificamente para fazer uma apresentação e que mantêm um contato muito caloroso com a criança que está hospitalizada, doando sua arte, seu talento. Contamos com os voluntários que vêm colaborar com os técnicos, acompanhando os pacientes em diversos locais e etapas do tratamento. Temos ainda o voluntário que pode ser acionado no interior do Estado e que viabiliza o transporte de um paciente, aquele voluntário cujo papel é apenas auxiliar em algum item específico, como esse de fazer com que o paciente chegue ao hospital. Qualquer que seja o seu papel, é claro que quanto mais preparado o voluntário estiver, sabendo o que é o câncer, quais são as etapas do tratamento, quais são as questões emocionais mais importantes que afetam um paciente ou sua família, quanto mais preparado ele for, melhor ele executa qualquer tarefa. Porque ele então não é um mero transportador ou colaborador, ele é um ser humano que está ali para atuar em uma necessidade específica de um paciente e para acrescentar um algo a mais. Meu papel como voluntário pode ser simplesmente pegar uma criança, colocá-la no meu carro e levá-la para outra cidade para fazer um tratamento. Mas há várias maneiras de se fazer isso. Porque eu posso fazer com carinho, posso fazer com afeto, posso fazer com o lado humano desenvolvido. Não para aliviar um eventual sentimento de culpa, mas realmente por um senso de solidariedade.

Motivação e Retorno

A presença da Parceiros Voluntários é muito forte no Instituto do Câncer Infantil, e eu acho que esta instituição tem cumprido o papel fundamental de gerar a valorização do trabalho voluntário. O voluntário tem que se sentir importante no processo e, como eu disse antes, faz toda a diferença se tu entrares numa estrutura organizada, com papéis definidos. E a Parceiros tem imprimido esta marca, de gerar esta consciência no voluntário e nas organizações.

Não sei como se quantificaria o real resultado da ação do trabalho voluntário. Na Inglaterra existe um método para colocar esse retorno em números. O que lá se arrecada com filantropia é maior que o orçamento do Ministério da Agricultura do país, algo gigantesco. Não sei até que ponto existem no Brasil formas de quantificar essa participação, mas fico feliz por ver que nos hospitais cada vez o trabalho voluntário se organiza melhor, acompanhando um modelo que se vê há tantos anos acontecendo na Europa e nos Estados Unidos. Nos principais centros de câncer infantil do mundo percebe-se nitidamente a ação do trabalho voluntário, e hoje nos próprios congressos científicos de câncer infantil os voluntários e os pais dos pacientes estão presentes, participando de forma sempre mais destacada, discutindo o que está sendo feito. Essa participação está se tornando uma força viva dentro de todo um processo de saúde, e este processo está cada vez menos amador.

É ainda mais difícil avaliar o impacto do voluntariado sobre a pessoa do próprio voluntário, sobre sua saúde física e emocional. Tem-se poucos dados concretos a respeito, embora se possa falar a partir do que se observa na prática. Eu posso responder a isso falando sobre o que acontece comigo, muito mais do que eu poderia responder sobre o que eu acho que acontece com os outros, porque isso é muito pessoal. Eu trabalho como médico, tenho uma clínica fora do hospital, sou responsável por toda assistência aos pacientes com câncer e o programa de transplante de medula óssea, sou coordenador do laboratório de pesquisa, que tem inúmeros projetos na área de câncer infantil, tenho vários alunos de mestrado e doutorado, eu tenho atividades de interesse pessoal e tenho a minha atividade como voluntário nesta causa que é a do câncer infantil – poderia ser outra, poderia ser com crianças de rua, há tantas causas que precisam de apoio. Considero que sou uma pessoa que teve oportunidades, que pôde se diferenciar profissionalmente, mas se fizer uma retrospectiva da minha vida eu diria que, de tudo o que fiz e faço, o trabalho voluntário é onde encontro mais gratificação e maior retorno. É o que mais me completa como ser humano. Se eu fizer tudo o que faço, tendo saúde e recursos financeiros para alcançar as coisas que quero, podendo oferecer à minha família o que ela precisa, praticando o esporte e o lazer que valorizo, ter uma vida com qualidade, enfim, considero que ela não seria realmente boa se não estivesse presente esse componente especial que me vem com a ação voluntária.

> ***Instituições que recebem trabalho voluntário precisam estar preparadas para recebê-lo.***

Posso ajudar as pessoas de diversas maneiras como médico, mas, quando vejo que o índice de cura do câncer infantil passou de 30% para 70%, eu sei que isso resultou também da minha dedicação voluntária dentro de uma ação coletiva de trabalho voluntário. Foi a ação coletiva que gerou este resultado. Como médico, eu poderia ter feito o pós-graduação que fosse e ter todas as condições que tenho, mas continuar no índice de 30% de cura. Se houve esse salto foi porque existe um centro de excelência, porque existe uma estrutura profissional de referência, que se criou somando o trabalho voluntário de todos. Então, a minha satisfação como profissional se multiplicou. Mas se eu fosse, por exemplo, um médico realizado profissionalmente e o meu foco não fosse o câncer infantil, fosse a criança de rua, o voluntariado traria para mim o mesmo bem-estar. Só que, lógico, como eu sou da área, fica mais fácil, porque eu a conheço, consigo mais rapidamente identificar quais são as necessidades e projetar um futuro, de forma mais imediata.

Estou citando o meu caso como exemplo de motivação e de retorno, mas o que quero dizer é que, da forma como vejo, a pessoa deve escolher alguma coisa que lhe traz mais motivação e dedicar-se a ela voluntariamente, porque isso a torna uma pessoa melhor. Acho que sou um profissional melhor e uma pessoa melhor por causa dessa sensação tão boa que me vem quando me dou conta de que tantas pessoas, no anonimato, estão sendo beneficiadas como resultado dessa minha identificação como voluntário. Há nisso uma gratificação emocional muito grande.

Portanto, quem propõe trabalho voluntário tem uma grande responsabilidade. Sempre digo aos médicos: quando o paciente está insatisfeito, não adianta vir me dizer que o paciente é complicado, que o paciente não entende, que o paciente não está emocionalmente bem. Quando o paciente está insatisfeito é sempre, cem porcento das vezes, incapacidade do médico de se comunicar adequadamente. O médico deve repensar a sua estratégia de comunicação. Considero que é a mesma coisa com relação ao trabalho do voluntário. Quem convida para o trabalho voluntário, quem o oportuniza, tem de criar as condições para que esse voluntário se mantenha estimulado. É claro, há os dois lados, existe a questão da adequação do próprio voluntário, mas a adequação da instituição é fundamental. Não adianta ter um voluntário supermotivado, interessado, qualificado, se ele está numa instituição desorganizada. E vice-versa, não adianta ficar com um voluntário que nos chegou por outras razões ou que é muito despreparado para aquilo a que se propõe – e isto acontece com alguma freqüência. Há também situações em que é difícil encontrar uma função para um voluntário, mas isso é da natureza, no trabalho profissional como no trabalho voluntário sempre há pessoas com mais aptidão, mais capacidade, mais chance de executar bem as coisas que delas se espera. Mas se eu tivesse de passar uma mensagem ao conjunto dos que pensam o voluntariado, seria esta: tem de haver uma preocupação no sentido de que as instituições que recebem trabalho voluntário estejam preparadas para recebê-lo. Isso faz a diferença entre as ONGs que não dão certo e as que dão certo.

Modelos que Funcionam

No período que passei na Inglaterra tive contato com um empresário, dono da maior rede de padarias na Inglaterra, que se havia sensibilizado pelo problema das crianças com câncer e começou a trabalhar em prol da causa. Ele criou a *Children's Cancer Foundation,* e seu sonho era que existissem fundações semelhantes na Ásia, na África e na América do Sul. Eu conheci aquele projeto, aquele sonho, e pensei que poderíamos fazer algo semelhante no Brasil. Quando lançamos a idéia do Instituto em nosso Estado, dezessete anos atrás, convidei este empresário e ele veio a Porto Alegre. A visita teve grande repercussão, e em determinado momento um jornalista perguntou-lhe se ele não era conhecedor dos graves problemas sociais do Brasil. Por que ele se preocupava com o câncer infantil, que seria um problema menor, se nós no Brasil tínhamos tantos problemas maiores? Ele respondeu: "Olha, eu sei que o Brasil tem muitos problemas, eu acompanho pela imprensa, mas eu imagino que deva haver pessoas no Brasil tentando ajudar na solução dos grandes problemas nacionais. Já eu quero ajudar as crianças com câncer, essa é a minha escolha, eu estou aqui por isso. Agora, sabe, embora você possa considerar que câncer infantil seja um problema pequeno dentro do contexto nacional, às vezes aprender a resolver um problema pequeno ajuda muito a identificar um modelo para resolver os grandes problemas".

Pessoalmente, sinto-me frustrado com o sistema governamental de nosso país. Tenho visto tanta coisa decepcionante, que vem dos políticos, que vem da incapacidade do sistema constituído em resolver os nossos problemas mais básicos de saúde, educação, segurança, transporte. Vê-se tanto absurdo que é inevitável ficar desesperançado. E, em sentido contrário, vêem-se tantos exemplos de solução de problemas, de modelos que funcionam, onde o governo até desempenha um papel importante mas onde ele não é a cabeça pensante principal. Sempre há um espaço para o governo, porque é assim mesmo que funciona. Na saúde pública, por exemplo, quem paga a conta é o governo. E tem de haver essa integração. Mas por que nós somos Primeiro Mundo em tratamento de câncer infantil e não somos no tratamento de outras doenças? Por que não somos a solução de outros problemas? Porque os modelos que funcionam são ilhas de excelência. Eu acho que essa é a nossa saída.

Acho que devemos esperar menos dos políticos, dos governos. O lançamento da décima segunda edição da Corrida pela Vida aconteceu no Palácio Piratini, com a presença da governadora do Estado. Então, como é que eu me queixo dos políticos, se a governadora teve um gesto tão meritório? Acontece que nós também soubemos criar essa oportunidade para nós mesmos. De fato, não se pode só ficar dizendo que os governos não servem, nós também temos de assumir o nosso papel. Por exemplo, eu estou me envolvendo em uma questão espinhosa, que é questionar a abertura, por apelo político, de centros de atendimento a câncer infantil no interior. Na Europa o tratamento do câncer infantil é canalizado a centros universitários de referência, enquanto ações de rede apóiam a ida do paciente a estes centros de excelência. Nos Estados Unidos existem não mais que vinte a trinta centros de câncer infantil, em todo o país. No Brasil há estados que têm essa quantidade de centros, no Brasil se duplica um processo deficitário economicamente e que não dá as condições necessárias. Quando se revisa a literatura, no Brasil e no exterior, a chance de uma criança com câncer se curar num centro de excelência pode chegar a 80%; se ela é atendida em um centro que não é especializado, por mais boa vontade que aí exista, a chance fica em 30%. Quer dizer, ao andarmos na contramão da História, estamos literalmente condenando pacientes. Se fosse para outras doenças, a interiorização estaria correta, tem que descentralizar, tem que tirar das capitais, mas para enfermidades de alta complexidade e número pequeno de casos, como ocorre com o câncer infantil, para se ter otimização de resultados é preciso ter excelência no treinamento, na equipe multidisciplinar, condições que se encontram nos centros universitários. O grande problema, portanto, é tratar coisas diferentes da mesma maneira, e nisso temos todos de assumir nosso papel.

Que critério se usaria para identificar se uma comunidade, um estado ou país são diferenciados? Existem várias maneiras, objetivas e subjetivas, de se avaliar isso. Os critérios reconhecidos internacionalmente são muitos: índice de analfabetismo, índice de mortalidade, qualidade do ensino público, qualidade de estradas... Entretanto, se nos largarem de avião em um lugar desconhecido, saberemos logo se estamos ou não em um lugar socialmente desenvolvido. Eu acho que nós somos um Estado à frente da maioria pelo muito que valorizamos o trabalho voluntário, e nisso reconheço uma grande influência da ação da Parceiros Voluntários.

Em qualquer processo, é preciso identificar indicadores de qualidade. Só o fato de se atingir, no Rio Grande do Sul, o número de voluntários que se atingiu – não só pessoas físicas, mas organizações, empresas e escolas – já constitui um indicador, já é importante, já permite dizer que estamos no caminho certo.

O que se precisaria agora é ver como esse movimento pode ser mais bem aproveitado. As instituições beneficiadas por essa mobilização que a Parceiros provoca estarão realmente cumprindo o seu papel? Esta é uma outra etapa interessante a ser desenvolvida.

Você não pode escolher
como vai morrer, ou quando.
Você só pode decidir
como vai viver agora.

Joan Baez

Ainda é difícil quantificar em termos precisos o impacto que o trabalho voluntário tem na manutenção das inúmeras ONGs envolvidas com transformações sociais, mas é fácil constatar esse impacto quando se usa a lupa de aumento do caso a caso. Nas organizações que atuam com foco e metodologia clara, como são estimuladas a ser as conveniadas da Parceiros Voluntários, a presença de voluntários costuma ser referida como "essencial".

O Cedel, Centro Diaconal Evangélico Luterano, é, nesse sentido, paradigmático. Conveniado com a PV desde 2001, em 2004 foi incluído em programa-piloto criado para elaborar um diagnóstico sobre as causas da rotatividade de voluntários. Uma questão-chave para instituições que contam com um mínimo de recursos para produzir um máximo de resultados. O Cedel atua em apoio sócio-educativo em meio aberto (para jovens de 7 a 14 anos), desenvolve um programa-família (atendendo inclusive beneficiados com o Bolsa-Família do governo federal) e opera um telecentro (que possibilita o acesso da comunidade atendida à informática e à internet). A secretaria, a cozinha, a biblioteca, o transporte, os serviços de manutenção e as atividades educativas da instituição dependem fortemente do trabalho voluntário.

– No dia-a-dia, faz toda a diferença – afirma a psicóloga Cristiane dos Santos Schleiniger. – Como instituição, nós dependemos do voluntariado para que o trabalho aconteça de forma diferenciada e diversificada. Como a captação de recursos ainda é irregular, nossa equipe de funcionários é reduzida. Com a presença dos voluntários, a qualidade do trabalho aumenta significativamente. Para as crianças, eles trazem aquele olhar especial, que permite a elas conhecer pessoas diferentes, de diferentes meios, que trazem novidades e acesso a eventos que de outro modo elas não teriam.

A presença do voluntariado foi decisiva para o surgimento no Cedel do Programa Voluntário Jovem, por demanda de jovens atendidos. O programa permitiu que passassem de assistidos a cuidadores, e viabilizou que continuassem ligados à instituição depois da idade-limite de 14 anos. Eles participam do mesmo processo de recepção instituído pela Parceiros Voluntários, e são estimulados a desenvolver uma postura favorável a si mesmos no mundo do trabalho. Calcado na idéia do protagonismo, o Voluntário Jovem do Cedel é convidado a sair "da posição de vítima" e a responder a um desafio que para ele é especialmente pesado: sua relação com o mundo do consumo. Pois se a publicidade mira os jovens economicamente favorecidos, alcança e influencia também os que são desprovidos, no que diz respeito a condições econômicas e escolaridade.

Até onde são bem-sucedidos ao lidar com esse desafio, em termos coletivos, é ainda uma questão em aberto. Mas quando se adentram histórias individuais, surgem indicações significativas. Pablo Garcia da Silva tem 17 anos e um sorriso devastador. Chegou no Cedel aos 10 anos de idade, gostava de conviver com os voluntários, gostava das oficinas a que tinha acesso, especialmente as de biodança. Quatro anos depois, tornou-se voluntário, embora se perguntasse: "Mas eu vou trabalhar e não vou receber?". A família dele aconselhou-o a persistir, argumentando que assim Pablo adquiriria experiência. Candidatou-se a uma vaga de educador voluntário no Centro Infantil Lupicínio Rodrigues, que fica na comunidade do mesmo nome, e foi aceito. Diariamente, ia almoçar com as crianças e mantinha-as entretidas durante uma hora – proporcionando aos professores uma mais que bem-vinda pausa para descanso. Ele, que temia não ser respeitado por ser originário do mesmo meio das crianças da creche, acabou sendo escolhido por elas para "padrinho da formatura". Pablo acaba de sair de um estágio na companhia estatal de energia elétrica e está terminando o segundo grau: "Evoluí na responsabilidade", constata ele.

Quando Pablo e outros de sua idade deixam o papo rolar solto, surgem comentários sobre amigos deles que não estudam nem têm trabalho formal, mas "conseguem dinheiro fácil". Aparece então um relato surpreendente, tanto no conteúdo quanto na forma, sobre a reação de alguns chefes de pontos de tráfico de drogas quando são procurados por jovens em busca de "emprego". Segundo os meninos, se o jovem em questão tem laços familiares na comunidade e estiver freqüentando escola, a resposta é um tapa na cabeça e uma advertência:

– Tu não precisa disso, rapaz. Olha a tua família, olha a tua árvore genealógica.

Faz qualquer um se perguntar sobre os caminhos de transformação da desigual sociedade brasileira.

ANDRÉ TRIGUEIRO

André Trigueiro é jornalista com pós-graduação em Gestão Ambiental, professor e criador do curso de Jornalismo Ambiental da PUC/RJ, autor do livro *Mundo Sustentável - Abrindo Espaço na Mídia para um Planeta em Transformação* (Editora Globo, 2005), coordenador editorial de *Meio Ambiente no século XXI* (Editora Sextante, 2003). Repórter e apresentador do *Jornal das Dez* da Globo News, criou e dirige o programa *Cidades e Soluções* (Globo News e Canal Futura), pelo qual recebeu em 2007 o Prêmio Ethos de Jornalismo na categoria Mídia Eletrônica - TV.

RICARDO AZEREDO

Ricardo Azeredo é repórter especial e âncora de telejornal da Ulbra TV. Prêmio Press de Repórter de Televisão do Ano (2006), é professor do Curso de Comunicação Social da Universidade Luterana do Brasil.

VILMAR SIDNEI DEMAMAM BERNA

Vilmar Sidnei Demamam Berna é fundador e editor da Revista e do Portal do Meio Ambiente, referências na democratização da informação ambiental no Brasil. Fundou associações ambientalistas sem fins lucrativos como os Defensores da Terra, Univerde e a Rebia – Rede Brasileira de Informação Ambiental, e os projetos Voluntários Ambientais e Clube de Amigos do Planeta. Com 15 livros publicados, é detentor do Prêmio Verde das Américas (2003) e do Prêmio Global 500 da ONU (1999).

Sites relacionados:
www.abong.org.br
www.bkumaris.org.br
www.gife.org.br
www.globo.com/globonews
www.ivofhope.org
www.mundosustentavel.com.br
www.portaldomeioambiente.org.br

A imprensa e o quinto poder: UM NOVO CONTEXTO

CAPÍTULO IX

Lilian Dreyer
Entrevistas com
ANDRÉ TRIGUEIRO,
RICARDO AZEREDO e VILMAR BERNA.

Por constituírem um personagem relativamente novo no cenário da construção democrática, as organizações do Terceiro Setor, onde se encaixam os movimentos do voluntariado organizado, nem sempre são corretamente percebidas pela população brasileira – isso quando não são francamente desconhecidas. É evidente, assim, a relevância que tem a imprensa nesse contexto. Mas e como estará a imprensa percebendo este universo? Estará ela compreendendo o que está em jogo, ao dar cobertura – ou não – à movimentação das organizações sem fins lucrativos voltadas ao fortalecimento da sociedade civil? E estas organizações, por sua vez, estarão se posicionando de forma adequada em relação à imprensa?

São indagações emergentes, ainda pouco prospectadas. Instituições ligadas ao Terceiro Setor têm apontado um aumento no espaço que a mídia dedica à cobertura de temas relacionados à responsabilidade social e ambiental, mas diagnosticam que esta cobertura carece de maior qualificação. Pois o que está em jogo é a consolidação de um conceito de sociedade para a nação brasileira. Que tipo de país deseja ser o Brasil? Se deseja ser um país movido por cidadãos, capazes de zelar pela boa gestão de seus recursos e de produzir estruturas que acolham toda a população, sem exclusões, terá de empenhar-se pela abertura dos processos de comunicação, de forma ampla, e terá de fazê-lo sob a perspectiva de que existe aí uma defasagem histórica a ser superada.

Detecta-se ainda uma falta de clareza quanto à própria conceituação do Terceiro Setor, o que pode estar na origem de muitas das incompreensões que se revelam nas coberturas da imprensa. Para começar, trata-se, afinal, de um setor ou de um poder? Em países onde a sociedade civil organizada já tem uma longa história de participação democrática não parece haver lugar para esse tipo de dúvida. Para o ex-vice-presidente da norte-americana Fundação Ford, Barry Gaberman, "a separação tradicional de poderes em executivo, legislativo e judiciário não é suficiente (*para proteger a sociedade contra a concentração de poder*), mesmo considerando-se a existência de um quarto poder, na forma de uma imprensa independente. As instituições da sociedade civil constituem um quinto poder, ajudando a proteger contra o abuso de poder". Gaberman fez esta afirmação em artigo publicado no Brasil em outubro de 2007 na Rede Gife Online, em que defende a adoção de mecanismos que possam demonstrar o quanto as organizações civis sem fins lucrativos já estão contribuindo para a geração de riqueza ao redor do mundo (participação no PIB), mas sua preocupação corria no sentido de que o aspecto material não viesse a sobrepujar a importância do aspecto de controle democrático que o "quinto poder" representa em relação aos outros quatro poderes: "Precisamos ter cuidado para que qualquer tentativa de avaliação não diminua esta função", alertou ele.

No Brasil, embora muitas entidades de caráter civil tenham sido baluartes da cidadania em tempos ditatoriais de nossa história, a designação genérica Terceiro Setor firmou-se a partir de 1990, em adição ao Primeiro Setor, que é o governo, e ao Segundo Setor, que é o mercado, os empreendimentos com fins lucrativos. Popularizou-se a partir de então a abreviatura ONG, por organização não-governamental, um termo que não define a natureza dessas instituições e que em termos jurídicos nem existe. Conforme a Abong, associação nacional do setor, sob o aspecto jurídico as ONGs aparecem no formato de fundações ou de associações, sendo que as associações podem ser Organizações Sem Fins Lucrativos (OSFL), Organizações da Sociedade Civil (OSC) ou Organizações da Sociedade Civil de Interesse Público (Oscip). No entanto, "essas especificações pouco servem para esclarecer à sociedade diferenças quanto a papéis, identidade e mesmo idoneidade", constata a Abong. "São apenas regulações, e o sentido da atuação das ONGs ocorrerá por meio dos projetos de sociedade que veiculam, dos temas e objetivos que mobilizam suas práticas e dos compromissos éticos que cada entidade possui".

> ***O problema não é acesso à informação, é contextualização.***

Se existem diferenças marcantes entre as quase 250 mil ONGs que hoje se contabilizam como integrantes do Terceiro Setor no Brasil, essas diferenças são pouco referidas e em geral permanecem obscuras para a população, o que não é interessante para o conjunto da sociedade. As generalizações nesta área conduzem a erros e favorecem manipulações políticas. Como, na prática, o Terceiro Setor depende fortemente de aportes financeiros provenientes do governo e do mercado – assim como a própria imprensa

–, as distinções são fundamentais para que a sociedade possa entender o cenário e posicionar-se em relação a ele.

Para o jornalista Vilmar Berna, editor da Revista e do Portal do Meio Ambiente, fundador da OSC sem fins lucrativos Rebia – Rede Brasileira de Informação Ambiental – e dos projetos Voluntários Ambientais e Clube de Amigos do Planeta, "ainda há um longo caminho a percorrer para que o Estado, as Empresas e as instâncias organizadas da Sociedade se reconheçam como parceiros em todos os níveis". Ao contrário do que muitas vezes se entende e se veicula, "o Terceiro Setor não surge para substituir o Estado ou as Empresas em suas responsabilidades, embora possa – e deva – atuar em parceria com eles sempre que for necessário ao desenvolvimento humano e social sustentável". Para que a busca dessa atuação harmônica seja bem-sucedida, é importante que se reconheçam as características de presencialidade ampla, agilidade e foco no bem comum que estão na origem das organizações do Terceiro Setor. Nesse sentido, no entender de Berna, "o papel do Terceiro Setor ultrapassa o papel do Estado e das Empresas, pois as organizações da sociedade civil têm a capacidade de identificar problemas, oportunidades e vantagens colaborativas, potencialidades e soluções inovadoras em lugares onde o Estado tem dificuldades".

De qualquer modo, o fato de também no Brasil o Terceiro Setor estar assumindo a condição de um Quinto Poder, tão importante quanto Executivo, Legislativo, Judiciário e Imprensa, não justificaria que esta última se propusesse a revisar seus padrões de abertura de espaço e cobertura jornalística?

Contextualizar: Desafio para a Mídia

O jornalista André Trigueiro, da Globo News, alinha-se entre o restrito grupo de profissionais que têm conseguido pautar com impacto e propriedade na grande imprensa um tema que diz respeito a todos os setores, o das relações da sociedade humana com seu ambiente. Pessoalmente, fez a opção de atuar como voluntário no Centro de Valorização da Vida (CVV), contribuindo com sua formação profissional para dar suporte aos voluntários que atuam na prevenção do suicídio – no Brasil de hoje, o suicídio alcança índices que já o configuram como problema de saúde pública. Observando a mídia a partir também da posição de professor de Jornalismo da PUC do Rio de Janeiro, Trigueiro avalia que a imprensa ainda tem dificuldade em perceber a evolução do Terceiro Setor e do voluntariado organizado, ou as conexões destes movimentos com transformações sociais:

– Até onde me é possível acompanhar a cobertura das mídias de uma forma geral, não vejo disposição para abrir espaços generosos ou mesmo espaços convencionais para tratar desse assunto de uma forma interessante. Por alguma razão, dentro das redações é entendido como um assunto que não chama a atenção das pessoas, a não ser que tenha por gancho ou mote gente de projeção. No Rio, por exemplo, um movimento voluntário que ganhou destaque foi aquele ligado ao Betinho, porque era o Betinho.

Mais recentemente, por conta da série filmada na Amazônia, a atriz Christiane Torlone, que levantou a causa da Amazônia, e o vocalista da banda Detonautas, que se engajou em performances públicas contra a violência depois que a banda perdeu um guitarrista, que foi baleado. Parece que para se falar de voluntariado na mídia a pessoa que é a voluntária precisa ter visibilidade. A ação voluntária que "apenas" reúne pessoas e promove um efeito positivo parece ser percebida como um assunto que em si não tem densidade jornalística.

Trigueiro entende que este vácuo em parte se explica pelas limitações que o modelo de "jornalismo apressado" impõe aos profissionais, pressionados pelo senso de tempo escasso para a apuração de notícias e fechamento das matérias. Navegando em "mares do imediatismo", como a TV e a internet, o profissional da mídia tem dificuldades em aprofundar seus próprios conhecimentos, em primeiro lugar. Numa época em que muito se cobra no País um aumento do PIB, da renda nacional, por exemplo, até que ponto os profissionais da imprensa conseguem desdobrar esse tema, analisar implicações e manejar novos critérios para avaliar níveis de desenvolvimento local? Conceitos como o IDH, o Índice de Desenvolvimento Humano, introduzido pela ONU, propõem que para medir o progresso de uma população se usem fórmulas mais complexas, que incluam, além da renda per capita, a educação e a longevidade, que por sua vez se desdobram em vários indicadores. São fórmulas cuja aplicação exige algum conhecimento específico, mas a partir delas pode-se obter um quadro mais realista do que aquele fornecido simplesmente pela renda – e também uma noção mais acurada do peso que têm em determinada região as organizações do Terceiro Setor, as quais costumam atuar justamente sobre fatores críticos para o bem-estar da população, tais como preservação ambiental e exercício de cidadania. Ao registrar estas nuances, ao dar cobertura a soluções propostas pela própria sociedade, a imprensa pode ter um efeito positivo na geração de melhores políticas públicas.

"O Brasil é um país que tem inúmeras limitações ao conhecimento mais sofisticado", analisa Trigueiro, "e por isso mesmo aumenta o valor que o conhecimento tem para a sociedade". O problema, segundo ele, não é mais o acesso à informação, "esta já está disponibilizada até para a população de baixa renda", o problema atual seria o da contextualização, e nesse ponto não só os profissionais da comunicação como os próprios veículos teriam de redimensionar-se:

– De toda a constelação de episódios, fatos, notícias que estão caindo na minha cabeça, o que me importa? O que me interessa? Por que isso é importante e aquilo não é? Como é que eu faço juízo de valor, em relação à ordem de grandeza dos fatos do cotidiano? É para isto que nós, jornalistas, existimos, para em certa medida sinalizar a quem consome uma notícia se ela é mais ou menos importante. Como se sinaliza isso? Pelo tempo de edição, se determinada informação vai entrar ou não na edição, e como vai entrar, se entra com fotos, com box, com infográfico, se não entra com nada disso, se é apenas uma notinha sem foto, tudo isso são recados que se vai passando. É claro que existe no ofício do jornalista a prioridade de informar aquilo que é entendido como notícia, nós somos escravos da notícia, portanto existe um componente imediatista que faz parte. Entretanto, a complexidade do mundo tem demandado do jornalista o desafio e o ônus de facilitar a compreensão do significado da informação. Um exemplo: a crise ambiental. Quem é que está dizendo que estamos sofrendo uma crise ambiental sem precedentes? A ciência. Por que a ciência está dizendo isso, quais são os instrumentos que ela disponibiliza para apoiar a afirmação? Um fato apresentado como se ele existisse por si só, de forma isolada, não está bem apresentado. Temos de entender em que contexto o assunto se resolve, se não qualquer um fala o que quiser e a gente vai simplesmente reproduzindo, como se fosse radinho.

Saber Jogar: Desafio ao Terceiro Setor

André Trigueiro acredita que persiste na mídia brasileira "um arrastão vibratório na direção do que já é", um apego automatizado a linhas editoriais e à própria forma de cobrir diferentes assuntos. Uma espécie de receita-padrão, determinando que "existe um jeito sempre igual de montar a grade dos programas, gravar uma passagem, passar o texto ou diagramar". Essa resistência à experimentação ele entende como decorrente do fato de que inovações realmente implicam "grande risco e desgaste". Entretanto, felizmente, o jornalista detecta também movimento em sentido contrário. "Muita gente na mídia hoje está se propondo a repensar modelos e a própria percepção do que é notícia", constata, "e nesta abertura temas como voluntariado e histórias de sucesso passam a ser valorizados". Um dos motivos para tal valorização seria "a mensurável saturação das pessoas, sua indisposição de continuar a consumir a mídia que deprime":

– É cada vez maior o número dos que simplesmente não suportam mais ver telejornal e se auto-editam ao ler jornal, fogem dos escândalos, da corrupção e da violência. A colunista Cora Rónai certa vez escreveu uma crônica que tinha por título "Estou deprimida porque sou bem informada". Relacionando as notícias da semana, ela apontava como estamos mergulhados em desespero. A mídia é mágica nesse sentido, de disseminar desesperança ou de criar expectativas, mas nós, jornalistas, não somos preparados para entender esta dimensão emocional da notícia. Somos muito racionais em nossos critérios sobre interesse jornalístico, ainda não aprendemos a nos perguntar: quando o telejornal termina e o apresentador diz boa noite, qual o saldo emocional para o espectador?

Existe um movimento, patrocinado pela organização Brahma Kumaris, que se chama *Imagens e Vozes da Esperança,* o qual, define Trigueiro, "procura exatamente promover uma reflexão dos profissionais de mídia em relação à responsabilidade não apenas de informar, mas de fomentar sentimentos, positivos ou negativos":

– Se aconteceu um atentado a bomba que matou trinta pessoas, a mídia não pode omitir, tem que mostrar, mas tem que mostrar como? É uma pergunta importante. Quando as torres gêmeas estavam ardendo e pessoas começaram a pular do sexagésimo nono andar, a CNN e outras redes de televisão num primeiro momento mostraram, mas segundos depois, espontaneamente, elas pararam. Como que dizendo: isso é demais. Não se trata de ser poliana, mas de levar em conta as emoções, ter cuidado com a forma de contar, ter responsabilidade pelo viés da história. Ter o cuidado de não construir um cenário tão negativo, tão opressor, que acabe inclusive falseando a realidade.

> ***Quando o telejornal termina, qual o saldo emocional para o espectador?***

A experiência do jornalista gaúcho Ricardo Azeredo aponta para direção semelhante, mas em suas observações ele endereça uma reflexão às próprias organizações do Terceiro Setor. Azeredo teve contato estreito com o movimento do voluntariado ao produzir um programa sobre a ONG Parceiros Voluntários para a série *O Rio Grande Que Dá Certo*, da Rede Bandeirantes de Televisão. Professor da cadeira *Ação Comunitári*a na Faculdade de Jornalismo da Ulbra, Universidade Luterana do Brasil, Azeredo adverte que as organizações que buscam atrair a atenção da mídia pelo "emocional negativo" estão cometendo um erro:

– Existe uma tendência em entidades menos estruturadas de usar o apelo "somos uns coitados, somos miseráveis", e isso até pode render algum espaço, mas a quem a imprensa hoje está realmente atenta? Às iniciativas consistentes, que mostram seriedade, profissionalismo e sabem valorizar suas ações. No Rio Grande do Sul, a Parceiros Voluntários conseguiu consolidar um novo olhar da mídia em relação ao Terceiro Setor. O processo de gestão da PV impactou. O vínculo dela com seu enorme contingente de voluntários se mantém porque a atividade é planejada, e isso dá vida, dá processo. Ações movidas apenas pelo coração tendem a ser efêmeras, mas quando são encaminhadas dentro de um processo de gestão podem adquirir permanência. Seria ótimo se todas as iniciativas do Terceiro Setor pudessem seguir esse método de ordenar as coisas, com início, meio e fim, com metas e processos de avaliação. O Brasil precisa abandonar o ranço de esperar por ações paternalistas, mas só uma sociedade estruturada pode ter o Poder Público não como tutor, e sim, como parceiro. Movimentos com visão e método têm como criar referências permanentes e adquirem o potencial de mudar a sociedade – e isso naturalmente é notícia.

Portanto, se é importante uma reorientação da mídia em relação à maneira de conceber o que informa, é indispensável também que o Terceiro Setor e os movimentos voluntários aprendam a desafiar a atenção da mídia, alimentando-a com informação relevante e pensando a comunicação de modo estratégico. "A organização precisa predispor-se a ser interessante", aconselha André Trigueiro:

– Um bom caminho para abrir espaço na imprensa é entender como o jornalista pensa. Uma regra do jornalismo que não pode ser ignorada é que para ser notícia o assunto tem de ter interesse, apelo, gancho. Algumas vezes por ano surgem situações que vão predispor nosso movimento ou nossa ação a ser interessante. Pode ser uma efeméride, um fato curioso, um assunto relacionado que já esteja em destaque. Quando a Organização Mundial da Saúde divulgou que a cada dia uma média de 3 mil pessoas comete suicídio, esse poderia ser um bom gancho para falar do Centro de Valorização da Vida. Quando o IBGE divulga que o saneamento no Brasil é jurássico, estacionou em padrões do começo do século passado, o jornalista poderá ter interesse em acessar um movimento voluntário que nos fins de semana ensina a fazer manutenção nas fossas sépticas da cidade. Quando um evento de moda com repercussão nacional, tipo *São Paulo Fashion Week*, está sendo badalado na mídia, é o momento de falar na associação das costureiras do morro que também está promovendo um desfile. Quando se está em sintonia, identifica-se o momento em que as circunstâncias favoráveis surgem, e então se avança. Se o jogo é esse, é preciso saber jogar.

A vida que não passamos em revista, sem reflexão, não vale a pena viver.

Sócrates

Eunice estava acostumada a fazer um exercício mental recorrente: como dar conta da próxima folha de pagamentos dos funcionários da creche. Às vezes, no lotação que a conduzia de volta à comodidade de seu bem estruturado lar, observava os demais passageiros contando moedas para pagar a passagem. Se todos doassem igual valor para a creche, quantas pessoas e quanto tempo seriam necessários para acumular o suficiente para pagar os salários do mês? – calculava. Conseguia assim lidar com sua ansiedade, e esse tipo de concentração de algum modo acabava contribuindo para solucionar temporariamente o entrave econômico.

Mas havia problemas mais difíceis a enfrentar, geradores de uma ansiedade que não se resolveria com nenhum tipo de exercício mental. Embora durante décadas viesse atendendo gratuitamente crianças de um dos bairros mais pobres da cidade, a creche era alvo de hostilidade por parte dos próprios moradores locais. Certo dia, Eunice percebeu que alguns garotos apedrejavam o prédio. Sem parar para pensar, dirigiu-se até onde eles estavam:

– O que é isso? O que vocês estão fazendo?

Os meninos passaram a insultá-la. Mostravam-se dispostos a prosseguir e a advertiram:

– Sai daí, velha.

Eunice não se intimidou:

– Não, aqui dentro têm crianças dormindo. Vocês podem machucá-las.

Depois, tomando fôlego, acrescentou:

– Vocês não querem entrar para conhecer o lugar?

Os meninos, perplexos, vacilaram. Até que um deles se adiantou:

– Eu quero, tia.

E entraram todos.

Hoje alguns desses meninos fazem parte do cioso grupo de pais que transitam pela creche. Se numa gelada manhã de chuva fina do mês de maio de 2007 passassem pelos corredores da instituição e espiassem por detrás das portas das salas, veriam os pequenos tirando sua sestinha, em ambiente calmo e aconchegado, cada um em seu colchonete, assistidos por uma acompanhante. Veriam banheiros claros e perfumados, uma fila de vasos sanitários adequados para crianças, guarnecidos por tapetinhos antiderrapantes. Uma sala com computadores em bom estado, em ambiente climatizado, onde crianças mais velhas têm aulas de informática. Funcionários movendo-se entre bem abastecidos almoxarifados. Uma costureira unindo com capricho cortes de moletons, toalhas, lençóis. Se se demorassem mais um pouco, poderiam apreciar as crianças na hora do lanche, instaladas nas mesas do refeitório, compartilhando bolo com chocolate quente.

Esta creche, mantida pela Associação Liga de Amparo aos Necessitados, é freqüentada regularmente pela comunidade do bairro Bom Jesus e nunca mais teve problemas sérios de segurança.

Desde que a Associação estabeleceu convênio com a Parceiros Voluntários, em 1997, aperfeiçoou seus métodos de gestão e é assistida por diferentes tipos de voluntários, de recreacionistas a empresas de arquitetura. Aprenderam a trabalhar com projetos e capacitaram-se a gestionar verbas. Não são mais "pobrinhos com chapéu na mão", no dizer de Eunice Dora de Abreu, presidente da Alan e há 16 anos trabalhando voluntariamente como diretora da creche:

– Hoje somos parceiros.

LAMA PADMA SAMTEN

Alfredo Aveline foi professor do Departamento de Física da Universidade Federal do Rio Grande do Sul por 25 anos. Em 1996, foi ordenado monge budista, tornando-se o lama Padma Samten.

Lama Padma Samten é presidente e diretor espiritual do Centro de Estudos Budistas Bodisatva, com sede em Viamão/RS.

Site relacionado:
www.caminhodomeio.org

A FELICIDADE E O ANALFABETISMO ESPIRITUAL

CAPÍTULO X

Lama PADMA SAMTEN
Depoimento

O mundo em que vivemos é o mundo que construímos. Se vivemos o conflito, a injustiça e a exclusão, é porque ainda estamos em uma situação embrionária no que diz respeito à educação e à espiritualidade. Somos analfabetos espirituais, não entendemos o que produz felicidade ou segurança. Podemos ter alta sofisticação técnica, mas se a barbárie está presente, falta-nos lucidez. Podemos ter instrumentos para levar determinada cultura a todo o planeta, mas se somos incapazes de ver as culturas diversas como uma resposta da criatividade humana para diferentes problemas, falta-nos visão. E se a falta de visão e de lucidez prejudicam o conjunto da sociedade humana e o ambiente natural, quem vencerá afinal? No momento podemos perceber que esse tipo de orientação pode destruir uma cultura, mas não tem o poder de construir uma cultura ou uma civilização. Sem a visão de beneficiarmos a nós mesmos, aos outros seres, à sociedade e ao ambiente não há cultura da paz. Sem uma cultura de paz não há civilização.

Para falar sobre o trabalho voluntário e sua relação com o encaminhamento de questões sociais, vou me ater a um referencial que estamos usando no projeto *Histórias e Sonhos*, desenvolvido pelo CEBB/Instituto Caminho do Meio, na área rural do município de Viamão. A comunidade budista ali instalada há dez anos adquiriu terras situadas na região das Augustas, que engloba três localidades e uma área de ocupação conhecida como Castelinho. Para iniciar uma aproximação e uma troca de saberes com a comunidade à qual passamos a pertencer, desenvolvemos várias ações ao longo do tempo, o que deu origem também ao projeto *Histórias e Sonhos*.

Dentro da perspectiva que estamos utilizando, primeiro eu precisaria explicitar a própria visão com que trabalhamos. Nós, no Caminho do Meio, entendemos que se hoje se levanta uma questão sobre sustentabilidade no Planeta, não é a periferia urbana que está gerando isso, porque a periferia urbana consome um mínimo. Ela consome a migalha que salta da mesa do centro urbano. A primeira coisa que precisaríamos entender é que o centro urbano produziu a periferia urbana, por uma série de razões, como conseqüência de sua própria ação. Assim, quando olhamos a periferia urbana, é bom evitarmos a visão "nós demos certo, eles deram errado". Esse é um primeiro ponto. Se fosse uma receita de culinária, eu diria: separemos isso agora e vamos pegar outro ingrediente, depois voltamos e fazemos uma composição.

O segundo ponto que precisaríamos entender é: todos nós, centro urbano e periferia urbana, buscamos a felicidade e buscamos ultrapassar o sofrimento. Isso não tem a ver propriamente com renda. Uma das formas de avaliação que considero errôneas, por exemplo, é a de usarmos padrões do tipo "a renda na periferia urbana é de um dólar por mês, enquanto a renda no centro urbano é de seis mil dólares". Isso indicaria que a periferia urbana está completamente carente, completamente mal. Entretanto, se olharmos os chamados povos da terra, eles têm renda de zero dólar por ano. Todos os indicadores do centro urbano não servem para avaliá-los.

Eles não têm geladeira, não têm eletricidade, nem telefone, nem fralda descartável, todas essas coisas que podem nos levar a concluir que estão em miséria extrema. Mas de fato não é assim. Ali vamos encontrar na verdade pessoas que têm saúde, lucidez e um sentido de pertencimento. Elas pertencem a um contexto que inclui a natureza, e elas se sentem equilibradas. Precisaríamos distinguir o que é uma riqueza que vem na forma monetária e o que é uma riqueza que vem de forma não monetária. Precisaríamos entender as duas, e avaliá-las. Eventualmente, encontraremos muitos elementos de riqueza que não têm relação com o aspecto econômico. Por exemplo, quanto custa a água limpa que eles bebem, o alimento não contaminado que eles comem, o tempo de que dispõem, o tipo de contato humano e social que os anima, o fato de terem um sentido de propósito, uma confiança na vida? Enfim, como os povos ligados à natureza usufruem de elementos com que nós, no centro urbano, estamos em dificuldades? Com isso podemos começar a nos distanciar de uma espécie de colonialismo cultural pelo qual estamos dominados. Se tomarmos a questão da felicidade e da liberação do sofrimento, vamos encontrar um referencial interno e não econômico para as nossas ações, ao nos propormos a ajudar as periferias ou ajudar as populações em geral.

> ***Somos analfabetos espirituais, não entendemos o que produz felicidade ou segurança.***

Nesse momento, verificamos que há outro referencial, que diz: nós somos felizes se tivermos possibilidade de acesso àquilo que é oferecido numa sociedade. Essa visão introduz a noção de que os indicadores de felicidade não são econômicos, mas relativos à nossa liberdade de acesso às coisas. Parece um bom referencial, mas ainda não é. Se nós temos conexão com a nossa cultura, se nossa forma de agir produz felicidade, esse é um bom referencial, porque nos move em direção a essa satisfação. Não importa o que a gente tenha, se isso não nos traz felicidade nós não temos muita coisa. Não é a possibilidade de acesso às condições ideais que vai definir se uma sociedade deu certo ou não, é a sensação de felicidade. A sensação de felicidade é o referencial que nós usamos no CEBB.

Isso foi introduzido por Sua Santidade o Dalai Lama. Ele usa uma expressão, que é *responsabilidade universal*. A felicidade nos conecta com a sensação de responsabilidade universal. Por quê? Porque nós não conseguimos ser felizes isolados. Nós precisamos de relações e estabelecemos relações. Se para atingir resultados, para atingir determinadas metas, eu sacrifico minha relação comigo mesmo, ou seja, prejudico minha saúde, não tenho tempo para mim, mesmo que eu seja vitorioso em atingir essas metas eu não vou ter felicidade propriamente. Por outro lado, eu posso ter uma relação adequada comigo mesmo, porém, se eu não estabelecer relações adequadas com outras pessoas, eu não tenho felicidade. O bem-estar simplesmente não surge. Quando abandonamos as noções de afeto, de compaixão, de amor, e as substituímos por referenciais de vitória dentro de metas de planejamento, por exemplo, então isso na realidade pode ser considerado um obstáculo, porque a felicidade depende da afetividade. Se eu não tiver afetividade, mesmo que eu tenha minhas metas todas atingidas, eu não tenho felicidade. Temos de considerar também as relações com as estruturas de poder. Se estamos em conflito com as estruturas que nos administram, teremos problemas. E, ainda, se temos conflitos ou relações equivocadas com a natureza, isso também nos traz sentimentos aflitivos.

A felicidade está ligada ao fato de que, quando olhamos ao nosso redor, as relações e experiências que brotam aos nossos olhos sejam de proximidade, integração e afeto. Quando estou preso a projetos, metas e vitórias, não tenho na verdade relações afetivas, eu tenho relações utilitárias. As coisas servem para minha vitória ou não. Relações utilitárias são aflitivas. Eu obtenho resultados, mas crio negatividades, para mim e para os outros. Quando vamos trabalhar com comunidades, precisamos considerar este fato. A felicidade, então, seria o segundo ingrediente dessa nossa culinária.

Nesse ponto estamos prontos para olhar a comunidade a partir do referencial das relações. Há um conceito budista relativo a este contexto que chamamos de méritos: é experimental que venhamos a perceber que o fato de nós nos tratarmos bem faz com que estejamos bem; o fato de tratarmos bem aos outros faz com que os outros nos protejam; o fato de lidarmos bem com as estruturas de poder onde estamos inseridos faz com que essa estrutura estabeleça relações de parceria conosco e nos cuide; o fato de cuidarmos da natureza onde estamos imersos faz com que a natureza nos recompense. A isso chamamos de méritos. Nossas ações positivas nos retribuem.

Em seguida entra o ingrediente que é evitar ações negativas. Se evitamos ações negativas, melhoramos internamente – e imediatamente.

Com esse conjunto de elementos, começamos a olhar para aqueles a quem queremos ajudar. Vamos agora catalogar os problemas que eles têm. Vamos constatar, digamos, que eles não interagem adequadamente uns com os outros. Se um companheiro está na miséria, ele poderia ser ajudado, mas isso não me importa. Essa indiferença, essa falta de sensibilidade faz parte dos problemas que eles mesmos geram. Outra dificuldade pode ser: eles se olham uns aos outros, mas dizem "aqui só têm fracassados, gente sem valor, essas pessoas são bandidos". Na nossa nomenclatura dizemos: quando nos olhamos uns aos outros, não nos limitamos a nos reconhecer, pois na verdade nosso olhar dá nascimento ao outro. Então, quando olhamos o outro de forma negativa, nós lhe damos nascimento negativo e, não importa a classe de renda a que pertençamos, vamos colher os frutos e vamos colocar sobre os outros as penalidades do nosso olhar.

Portanto, o primeiro passo é auxiliar as pessoas a darem nascimento positivo a si mesmas, aos outros e à própria comunidade. Qual o modo de produzir isso? Nós temos vários modos práticos. Um deles, que está no centro do nosso projeto *Histórias e Sonhos*, é nós os alcançarmos um a um. Se temos dez mil pessoas na comunidade, vamos chegar em dez mil pessoas. Como? De início, batendo na porta, literalmente. Nós procedemos assim, e já estamos colhendo resultados. Batemos na porta e dizemos:

– Estamos fazendo uma coleta de dados para escrever a história dessa comunidade, você gostaria de ajudar de alguma maneira? Eu gostaria de saber quando você chegou aqui, se você tem fotos antigas, se você lembra das coisas como eram quando chegou.

Nossa abordagem usa o conceito de conta e fio. Esta ação é uma conta dentro de um colar. Porém, há um fio por dentro dessa conta, que une as contas, e aí está o sentido profundo do que estamos fazendo. No caso, o sentido profundo de bater na porta com essa pergunta é estabelecer relações positivas e ajudar essa pessoa a estabelecer relações positivas ao redor. Vamos seguindo até vermos a possibilidade de que aquela comunidade reflita sobre si mesma, porque todos falaram. Em outro momento, vamos expôr a história da comunidade. Depois vamos convidar as mesmas pessoas a relatarem sonhos. Não é para obter nada, nem para resolver coisa alguma. É para nos conhecermos melhor e sonharmos juntos. Quando sentamos em círculo, cada pessoa tem um lugar. Cada um, quando vai falar, os outros ouvem. De modo prático e direto, criamos um senso de comunidade. Toda comunidade onde esse processo esteja ocorrendo deixa de ser miserável. Um agrupamento de pessoas torna-se um ser coletivo que reflete e pode avançar.

O passo seguinte é ampliar a audição. Criamos vários grupos a partir desse círculo, grupos de quatro pessoas, onde cada um fala aos outros sobre as melhores experiências que teve dentro da comunidade. É o método da pesquisa apreciativa, muito usado por diferentes organizações. Um fala, três ouvem, alternadamente. No final, o grupo relata as imagens que surgiram, as coisas boas. Se houver quarenta pessoas, por exemplo, teremos dez relatos, cada um fala por quatro. Na seqüência, voltamos a nos reunir, formando novos grupos de quatro pessoas, onde cada um, já estimulado a pensar, fala sobre seus sonhos: o que gostaria de ver existindo na comunidade? Teremos novamente dez relatos, em nome de quarenta pessoas. Quando se começa a falar sobre os sonhos para a comunidade, vê-se surgir uma chama de alegria, uma chama de possibilidades. Quando nos sentimos refletindo e pensando em grupo sobre o que podemos fazer, surge o que no budismo tibetano se chama de *lung*. Surge uma energia dentro da pessoa, que é respaldada pelo olhar dos outros. É como se ali surgisse um sonho da comunidade. Esse sonho dá cidadania. Quando temos um sonho em comum, por dentro de nós surge uma alma. Essas pessoas compartilham um segredo – elas têm um sonho em comum. E a realização deste sonho é agora uma etapa muito mais próxima, muito mais viável.

A partir do sonho, consideramos que entra em cena o aspecto espiritual. O sonho tem valor. Tem valor no sentido de que não produz engano, sofrimento, aflição, complicação. Existe, sim, algo como um denominador comum nesses sonhos: mencionam-se creches, transportes, alimentação das crianças, coisas que tendem a se repetir. Mas há questões específicas de cada local, e isso varia. Esse é o ponto: o que temos a partir daí não é um ideal planejado pela administração da cidade, é o sonho das pessoas que moram na comunidade. Elas se entendem umas às outras, sabem como os sonhos se realizam e são capazes de fazer isso acontecer.

A questão toda é ajudar as pessoas a sonhar e, através dos méritos, ajudar que isso funcione. Pois quando avançamos, por pouco que seja, imediatamente as nossas emoções perturbadoras, nossos obstáculos verdadeiros, afloram também. Nas comunidades, é natural que logo as pessoas comecem a querer apropriar-se, tirar lucro particular dessas coisas, pois elas também têm sonhos negativos. Em boa medida, são as emoções negativas e as ações não virtuosas que as levaram à situação aflitiva em que se encontram. Então temos de ter a habilidade de ajudálas a encontrar meios de fazer tudo fluir de forma adequada. Esse meio sempre é a assembléia. As ações negativas submetidas à assembléia não passam. As ações negativas precisam sempre ser escondidas, através de reuniões muito particulares entre as pessoas que estão querendo se apropriar daquilo que é coletivo. No centro urbano acontece o mesmo. Paralelamente a várias coisas muito positivas, vão surgindo obstáculos. Os membros da comunidade precisam entender que, ao deixarmos de fazer as coisas de forma positiva, as divisões aparecem e o progresso é obstaculizado. Ao contrário, quando evitamos as ações negativas, naturalmente nos unimos, e os méritos ampliam os resultados. Nós obtemos apoio. Essa compreensão nos ajuda a criar um processo de administração completamente translúcido, bem documentado, bem estruturado. E vamos precisar aprender a fazer isso. Entender como tornar tudo transparente e, mais, como provar que está sendo transparente.

> ***Nossas ações positivas nos retribuem.***

Entre os sonhos que vimos na comunidade, eles se expressam assim:

– Como podemos fazer as coisas darem certo? Como eu posso ter mais paciência? Como posso ter mais paz?

Porque eles também ficam ansiosos, freqüentemente resolvem as coisas gritando, ameaçando, agredindo. Isso não é privativo das pessoas que não têm educação. Em tantos âmbitos da vida nacional se constata isso. A que estamos assistindo no Congresso Nacional? Estamos, generalizadamente, numa situação muito difícil. Então é importante que não pensemos que a periferia é aquela que tem as ações negativas e que o centro urbano, pelo contrário, é que tem as ações positivas. Não, essa é uma característica humana. Se examinarmos uma nação de grande valor e qualidade como os Estados Unidos, vamos vê-los com um enorme número de Ph.Ds. e de prêmios Nobel, instituições de pesquisa, instituições educacionais, porém esta mesma nação hoje é uma ameaça ao Planeta, em vários sentidos. Nesse momento, representam o autoritarismo, a guerra, a destruição ambiental. Representam as tecnologias que não têm sentido e ameaçam a vida. Representam os sonhos que é melhor que a gente não sonhe e não viva.

Quando se começa a sonhar numa comunidade, surge um processo de comunicação entre seus integrantes. Ao definir sonhos, vão se estabelecendo, em conjunto, as prioridades para alcançar essas metas. É como um barco à vela quando surge uma brisa. A vela se enfurna e o movimento torna-se natural. Ao longo desse trajeto, vamos ter de refazer sempre de novo o voto de andarmos em conjunto.

De modo geral, esse é o método. É o que no budismo chamamos de Mandala de Lótus. Mandala é a perfeição do conjunto. O lótus significa aquilo de bom que brota da imperfeição. Do lodo das dificuldades brota a pureza da flor do lótus. Essa é a atitude que buscamos

O Outro em Seu Contexto

Todos nós somos capazes de entender os outros no contexto deles. Assim como podemos nos ver no contexto dos personagens de um filme, e por isso ficarmos nervosos ou felizes, sofrendo com a situação de personagens fictícios, poderíamos em nosso cotidiano buscar entender o outro como se estivéssemos vivendo a situação dele. A partir daí, a compaixão é natural. Compaixão é o resultado da liberdade natural de nossa mente, de operar além de nossa própria identidade, operar nossa lucidez dentro do condicionamento da vida do outro. Aí brotam idéias sobre como ajudá-los. O próprio engajamento nasce disso.

Vamos supor que numa aula de biologia estudemos figueiras. Tudo sobre raiz, tronco, galhos, folhas, reprodução, espécies. Aparentemente, saberemos tudo sobre figueiras. Mas para efetivamente entendermos a figueira, precisaríamos tomar chimarrão debaixo de sua copa, sentir o frescor, admirar a majestade, contemplar sem nenhum objetivo de analisar. Se então alguém vier a ameaçar essa figueira, surge dentro de nós uma energia que vai considerar isso completamente inapropriado, impossível de admitir. Isso não brota como racicínio, o raciocínio vem como a justificativa dessa nossa energia operando. Se eu não compreender a figueira assim, eu ouço que uma árvore da espécie ficus foi derrubada e vou achar aquilo banal. Mas quando estabelecemos uma relação de apreciação, nós nos tornamos parceiros.

O que parece essencial é que, quando não temos essas relações de proximidade com os outros seres, nós estamos depressivos, um pouco infelizes. O que dá sabor à nossa vida é estabelecermos relações de apreciação. Quando eu estabeleço relações de apreciação, a energia me corre, parece que a vida faz sentido.

A questão toda é ajudar as pessoas a sonhar e ajudar que sua ação funcione.

Quando começamos a apreciar nos outros as qualidades positivas intrínsecas, aspiramos a que aquelas qualidades se preservem. Nós nos associamos àquele ser. Isso é uma parceria. Outro dia ouvi um relato que me deixou espantado. Numa comunidade ribeirinha, na região amazônica, chegaram à noite caminhões de uma empreiteira, que iam abrir campos de pouso. Embarcações chegaram silenciosamente e descarregaram na praia as grandes máquinas, tão grandes que um automóvel pode passar por debaixo delas. Quando os faróis se acenderam e as máquinas se puseram em movimento, entrando terra adentro, rompendo a mata, as crianças da comunidade tiveram febre. Nós temos essa capacidade de associação.

E quanto àqueles que são destrutivos? Como a cultura dessas crianças, por exemplo, uma cultura tão associada à natureza, pode estabelecer uma relação com os seres que comandam as grandes máquinas? Como poderão preservar compaixão, alguma forma de dar "nascimento positivo" para quem vem destruir aquilo com que elas têm parceria? Não difere. Muitos talvez se lembrem de uma cena em que um homem, a bordo de um enorme trator, cumprindo ordem judicial, investe contra uma casa para removê-la, e a senhora que ali mora abre a porta e pede que o homem não o faça. Ela está com os filhos, os familiares. E o homem não consegue derrubar a casa. Vem o chefe dele e ordena: derrube! Ele chora, desce da máquina, e a casa fica. Nós também temos *essa* capacidade de associação.

Se contemplarmos os seres destrutivos, entenderemos que eles não vão ter felicidade. Portanto, também buscaremos protegê-los. Se achamos que os poderosos não precisam ser protegidos, é engano, eles precisam também. Na perspectiva budista, buscamos ajudar a todos, mesmo aqueles que estão agredindo. Como participante do movimento ecológico e cooperativista, desde a década de 70, acredito que também consegui escapar da sensação de que tinha inimigos. Eu acho que naquele tempo, como nos tempos de hoje, não deveríamos eleger um inimigo, imaginar que existem pessoas mal intencionadas e que estas, por conseqüência, pertencem a um tipo de exército que se pode vencer. Não há possibilidades de nós vencermos, a não ser que usemos as qualidades positivas.

Na questão ambiental isso é muito claro. Imaginemos que a pessoa está dentro de um barco que tem um furo. Dizemos: bom, nós somos da parte do barco que não tem um furo, vocês são da parte do barco que tem um furo, portanto nós vamos excluir vocês. Nós vamos culpá-los. Mas na realidade todos estamos no mesmo barco, estamos com o mesmo problema. As pessoas que estão agindo de forma negativa pensam: eu sou vitorioso, eu faço furo a hora que quero e pronto. Até o momento em que entenderem que aquele furo as ameaça igualmente, não há vitoriosos. Eles podem concluir seu planejamento e obter êxito nos objetivos limitados que se propuseram. Mas isso não significa vitória. E também não significa alegria. Qualquer pessoa que destrói vastas regiões, ou uma árvore, ou uma vida, está manifestando algo carmicamente grave. Ela sente imediatamente e vai sentir por um longo tempo os efeitos da ação negativa.

O que vemos ou deixamos de ver não depende da luz que entra pelos olhos ou dos fatos que aparentemente estão diante de nós. Depende de nossas estruturas internas. Para o budismo, o carma é uma estrutura interna rígida, um conjunto de ações previamente programado. O carma obstaculiza nossa lucidez. A estrutura cármica nos impulsiona numa direção que até já sabemos que é negativa, mas temos dificuldade de evitar. Temos uma resposta pronta e, mesmo que a mente diga "não faça isso", temos a tendência de mover energia naquela direção. Vamos supor que uma pessoa vá ao nutricionista e receba informação sobre como ela deveria alimentar-se. No almoço seguinte ela poderá entender o que significa o carma. Ela está com a receita da alimentação correta na mão, mas tem um impulso que a conduz na direção do hábito alimentar que sempre cultivou. Isso subverte a própria lucidez de sua mente.

Mas nós entendemos que o carma pode ser superado. Nós podemos focar e, através de vários processos, superá-lo. O aspecto mais difícil, no entanto, não é ultrapassá-lo, é localizá-lo. Às vezes ele está tão enraizado que dizemos "eu sou isso, se eu deixar de agir de tal ou qual maneira já não sou mais eu". Nós nos identificamos com nosso conjunto de ações pré-programadas. Porém, se o localizamos e reconhecemos como um obstáculo, como uma inteligência ou como uma emoção que está aderida a nós mas não é expressão de nós mesmos, aquilo é algo a que eu posso me associar ou não, e esse é o início da liberação. Em geral nosso carma está tão intimamente ligado a nós que ficamos na situação de uma pessoa que não pode extirpar a doença de modo direto, cirurgicamente, porque não pode prescindir do órgão onde ela está instalada. Não há como cortar, tem de ser curado. Precisamos conviver com o obstáculo até vir a cura. O órgão se cura, tudo se cura – literalmente, pois os carmas produzem doenças.

Nenhum de nós é fixo. Os fazeres equivocados de hoje podemos retificar amanhã. Tudo é plástico, pode ser reconstruído, refeito. Tenho mantido encontros com executivos de grandes empresas, e eles querem ouvir sobre isso. O que tenho encontrado, na verdade, são seres humanos que querem fazer alguma coisa melhor do que estão fazendo. Querem que suas organizações façam coisas melhores. Eles percebem os problemas e os obstáculos que estão gerando. Houve ocasiões em que pensei estar diante de pessoas fixadas em posições negativas. Mas não, elas aspiram fazer algo positivo. Não sabem como.

Tenho dito que vivemos hoje como se tivéssemos sido invadidos por alienígenas, cuja inteligência não pertence à biosfera. Nós, seres humanos, temos uma inteligência emocional, gostamos e não gostamos das coisas, nos associamos, temos compaixão. Mas hoje estamos do-

> ***Se estamos presos a projetos não temos relações afetivas, mas utilitárias.***

minados por inteligências de grupo que estão ligadas a um tipo de planejamento onde gostar ou não gostar não tem sentido. Nem mesmo sustentabilidade tem sentido. O capital que não tem rosto, nem benefício real, nem visão elevada, esse capital pode perder uma forma e ressurgir em outras. Estas inteligências são capazes de matar as próprias faces e gerar outras. Matar outros seres, então, nem se fala. É como se aquilo, se estiver incluído no planejamento, fosse algo positivo. É inteligência sem emoção, sem coração. Os seres humanos que são cooptados por essa "inteligência alienígena", que trabalham dentro desse tipo de organizações, eles ficam afetados. Porque eles têm coração, eles têm emoções. Trabalhar abdicando do coração faz muito mal a eles. Eles não obtêm felicidade. Eles obtêm o cumprimento de metas. Alcançam resultados nesse sentido, mas essas metas bem podem ser aumentar o número de furos no fundo do barco. Comprazem-se porque estava no planejamento fazer aqueles furos todos, e eles os fizeram. Mas aí a água começa a entrar. Eles sabem qual é o resultado.

É muito difícil que as pessoas que dão curso a ações negativas não se tornem dependentes de drogas, legais ou ilegais. Elas não têm tranqüilidade, vão ter aflições, sofrem perda de beleza, vão surgir nos gabinetes dos psiquiatras, dos advogados, porque terão muitos problemas – eventualmente, dentro desse contexto, encontrarão linhas de sabedoria, mudarão. Este é o reflexo sobre os humanos. Já as grandes corporações que surgem sem face e sem coração, estas terminam se extinguindo junto com a própria inviabilidade de seus processos.

Nós precisamos de uma rebeldia frente a isso. Nós precisamos recuperar o coração.

Para recuperar o coração, o caminho é olhar apreciativamente uns aos outros, as culturas, as comunidades, a natureza. Não é preciso nem estudar, basta olhar, olhar apreciativamente, e aspirar à sustentação das qualidades que percebemos. Disso brotam a compaixão e o amor. Segue-se a alegria. E quando chega a alegria, eu sei: é isso que eu tenho de fazer, esse é o sentido da minha vida.

Se eu me defrontasse com alguém que deseja trabalhar voluntariamente ou militar em alguma causa de interesse social, e soubesse que esse ser está um tanto perdido, sem saber por onde começar, eu de imediato tentaria ver as qualidades positivas dessa pessoa. Tentaria entender os obstáculos que ela está trabalhando, o que ela sente. A partir daí, prescreveria o mesmo método: desenvolver a capacidade de olhar os outros, desenvolver a capacidade de pertencimento a uma comunidade. Ela tem que sentir que faz parte de um grupo que é positivo também. Aí ela vai adiante, vai desenvolver uma habilidade. Diria a ela que o grande desafio que se coloca é descobrir qualidades positivas mesmo nos "inimigos", mesmo naqueles que estão causando negatividades. Por quê? Porque se quisermos tirar alguém da negatividade, precisamos estabelecer alianças com os aspectos positivos do outro. Quando as alianças se estabelecem, perceberemos que os aspectos negativos são passíveis de serem superados pelos aspectos positivos.

Nós operamos ainda dentro de uma visão espiritual muito antiga, onde temos inimigos, onde o progresso se dá através de "vencer". Na visão budista, o progresso se dá quando compreendemos onde nós estamos, compreendemos a realidade das coisas e compreendemos que não há ninguém a ser excluído, ninguém a ser vencido.

O que há a ser vencido é a própria ignorância.

A inspiração é um despertar consciente na profundeza do qual está Deus.

Pietro Ubaldi

Samira Abu Kamal tem o dom de fazer as crianças rirem. É um dom que se evidenciou para ela assim que foi aceita como voluntária no Cedel, centro mantido por uma instituição luterana, que se ocupa em proporcionar esportes, lazer e cultura a crianças em situação de risco social, no turno em que não estão na escola. Samira tinha apenas 14 anos quando iniciou seu voluntariado, mas mostrou-se capaz de controlar uma turma de moleques endiabrados até quando os levava a passear no Parque Marinha. Sua meiguice ilude ao primeiro olhar, ainda mais quando se sabe a história de sua vida. Pode-se pensar que ela seja frágil, mas é preciso bem pouco para que essa impressão se desfaça. Ela se impõe, com seu porte de princesa árabe e as notas determinadas que transparecem em sua voz quando se põe a falar:

– Eu sempre tive fé. Olhava o sofrimento e não baixava a cabeça. Ao redor de mim tinha muita oportunidade de tomar caminhos errados. Mas eu não olhava para o lado, eu sempre olhei para cima. O que eu passei me ajudou a ter consciência.

Mas o que pode ter havido de tão dramático na vida dessa menina que ainda não chegou aos vinte anos? Ela descreve a mãe como "alguém que sempre foi de largar, fazia um filho e largava". O pai, um jordaniano, morreu quando ela tinha cinco anos de idade. Quem a criou foi a mulher que havia cuidado dela ao nascer, dona Clélia, que já lutava com dificuldades para manter seus próprios filhos. Quando Samira fez 12 anos, essa que ela considera sua verdadeira mãe morreu. Sua revolta parecia não ter limites, mas o apoio de uma psicóloga, de um serviço de saúde pública, ajudou-a a passar desse estágio para aquele em que encontrou uma "nova mãe", a professora Clarice, do Cedel:

– Quando ela me deu um beijo na testa, eu adotei ela - conta Samira. – Ela me levava para a casa dela, conversava muito comigo, não me deixava faltar aula. A filha dela é minha irmã. Foi um papel bem bonito que ela fez.

Assim, a Samira brigona, que se envolvia em confusão por querer proteger dois de seus irmãos de sangue, que também eram assistidos pelo Cedel, aos poucos foi se transformando numa pessoa que "adora ajudar". Quando se tornou uma "pessoa madura", aos 14 anos, resolveu que encararia a preparação na Parceiros Voluntários e ajudaria as crianças que "passaram coisas piores que eu". Aos 15 anos, perdeu a avó, que falava árabe e se chamava Samira, como ela. De novo pensou que o mundo tinha acabado, mas o apoio da rede de famílias a que pertencia ajudou-a a de novo por-se de pé. "A gente tem que ter tanta força de vontade", suspira a menina, que hoje trabalha numa loja, está concluindo o segundo grau, quer estudar pedagogia, talvez odontologia, e acredita que "temos de nos ajudar uns aos outros, porque aqui na Terra somos todos irmãos".

Deve ser verdade, a julgar pelas atitudes de Ketlin Correa e Maria Fernanda Soares, ambas de 13 anos, que também estão se preparando para passar da condição de assistidas para a de voluntárias no Cedel. Elas acham que "é legal ter responsabilidade". Sentem-se também muito próximas de caminhos perigosos, mas também estimuladas a buscar "o que se quer de verdade". "Eu fui criança da Samira", diz Maria Fernanda, ao explicar o conselho que costuma dar aos seus assistidos:

– Não se pode julgar, cada um vai pelo caminho que puder. Mas é melhor não andar na linha torta. Seguir sempre na direção da luz.

RUBEM ALVES

Rubem Alves é professor emérito da Unicamp, educador, psicanalista e escritor. Colunista de vários jornais, entre eles, a Folha de S.Paulo, é autor de uma vasta obra sobre Filosofia da Ciência e da Educação, Filosofia da Religião e Literatura Infantil. Entre seus livros mais conhecidos estão *Quando Eu Era Menino* (Papirus), *Lições de Feitiçaria* (Loyola) e *Ao Professor, com o Meu Carinho* (Verus).

ACHO BEM CULTIVAR JARDINS

CAPÍTULO XI

RUBEM ALVES

Lembro perfeitamente bem da primeira vez que li Martin Buber. Era de tarde, deitado numa rede, lá em Minas... À medida que eu lia a alegria ia tomando conta de mim. Ficava alegre porque as palavras de Buber traziam luz ao meu mundo interior. Naquilo que ele dizia, eu me reconhecia.

O seu livro mais importante é *Eu-Tu*. Lendo *Eu-Tu* os meus olhos se abriram. Compreendi aquilo que eu vivia sem compreender. Eu quero contar a vocês o que eu vi, mas aqui o meu pensamento ficou paralisado. Resolvi dar uma caminhada.

E lá ia eu, absorto em meus pensamentos, quando, de repente, bem à minha frente, uma explosão de cores: a terra ejaculando flores – flores que estavam escondidas dentro dela! Um ipê rosa florido! Já pensaram nisso? Que as flores são os pensamentos da terra? A terra pensa flores! Dentro dela, as flores ficam guardadas, dormindo, mergulhadas na escuridão. Mas, pela magia de uma árvore, os pensamentos da terra se oferecem aos nossos olhos sob a forma de flores! Dentro da terra estão todas as flores do mundo, à espera de árvores... A terra sonha ipês! As árvores são os psicanalistas da terra!

Aí descobri um jeito de explicar Martin Buber... Aquilo que aconteceu, aconteceu comigo. Só comigo. Tive vontade de abraçar aquela árvore, de comer as suas flores. Fiquei agradecido por ser a natureza coisa tão maravilhosa, sagrada! Mas sei que muitas pessoas já haviam passado, estavam passando e irão passar por aquele ipê sem se assombrar. Para elas aquele ipê é apenas um objeto a mais, ao lado de postes, casas e carros. Já contei de uma mulher que odiava um manso e maravilhoso ipê amarelo que havia à frente de sua casa. Ela odiava o ipê porque suas flores sujavam o chão! Chão de ouro, coberto de flores amarelas, flores que deveriam ficar lá! Seria necessário tirar os sapatos dos pés para andar sobre elas! Mas aquela mulher não via com os olhos. Via com a vassoura. E uma vassoura dá sempre a mesma ordem: varrer, varrer! Tudo o que pode ser varrido é lixo! E ela, para se livrar do trabalho, envenenou o manso ipê. O ipê morreu. Não mais suja a calçada da mulher.

Agora explico Buber. Para Buber as coisas, as árvores, os bichos, as pessoas, não são coisas, árvores, bichos e pessoas, nelas mesmas. Elas são a partir da relação que estabelecemos com elas. Para a mulher da vassoura o ipê amarelo era um objeto inerte, sem mistério. Ela podia fazer com ele o que quisesse. Mas para mim os ipês são um assombro, beleza, alegria, revelação do mistério do universo.

Há um tipo de relação que transforma tudo em objetos mortos. Uma mulher se transforma em objeto para o homem que faz uso dela para ter prazer. Um homem se transforma em objeto para a mulher que o usa para obter status ou segurança. Uma criança se transforma em objeto quando seus pais a manipulam para realizar os seus sonhos. Para um professor que só pensa no cumprimento do programa todos os seus alunos são objetos. Para quem está atrás de milagres Deus é um objeto que faz milagres. O eleitor é um objeto que o político usa para ganhar poder.

Um doente, para o médico, pode ser apenas um "portador de uma doença". (Ah! Os professores e alunos, à volta de um doente sobre quem nada sabem, nem mesmo o nome, numa enfermaria de hospital! Ali não está um ser humano! Ali está um "caso" interessante...) Buber deu a esse tipo de relação o nome de "eu-isso". Tocadas pela relação eu-isso, todas as coisas, pessoas, animais, árvores, Deus, se transformam em coisas que uso para atingir os meus propósitos. Eu sou o centro do mundo. Tudo o que me cerca são utensílios que uso para os meus propósitos.

Quando, ao contrário, meus olhos estão abertos para o assombro e o mistério das coisas que me rodeiam, eu refreio minha mão. Não posso usá-los como se fossem ferramentas para os meus propósitos. São meus companheiros – não importa se um ipê florido, um cãozinho, um poema, uma criança que quer me vender um drops no semáforo... Buber deu o nome de "eu-tu" a essa relação.

No mundo do eu-isso se usa o poder porque o que desejo é manipular o objeto. No mundo do eu-tu o poder nunca é usado porque o que desejo é acolher, dentro de mim, o objeto à minha frente.

O Meu Jardim

Depois de uma longa espera consegui, finalmente, plantar o meu jardim. Tive de esperar muito tempo porque jardins precisam de terra para existir. Mas a terra eu não tinha. De meu, eu só tinha o sonho. Sei que é nos sonhos que os jardins existem, antes de existirem do lado de fora.

Um jardim é um sonho que virou realidade, revelação de nossa verdade interior escondida, a alma nua se oferecendo ao deleite dos outros, sem vergonha alguma... Mas os sonhos, sendo coisas belas, são coisas fracas. Sozinhos, eles nada podem fazer: pássaros sem asas... São como as canções, que nada são até que alguém as cante; como as sementes, dentro dos pacotinhos, à espera de alguém que as liberte e as plante na terra. Os sonhos viviam dentro de mim. Eram posse minha. Mas a terra não me pertencia.

> ***A felicidade só voltará quando a realidade for transformada pelo sonho.***

O terreno ficava ao lado da minha casa, apertada, sem espaço, entre muros. Era baldio, cheio de lixo, mato, espinhos, garrafas quebradas, latas enferrujadas, lugar onde moravam assustadoras ratazanas que, vez por outra, nos visitavam. Quando o sonho apertava eu encostava a escada no muro e ficava espiando. Mas um dia o inesperado aconteceu. O terreno ficou meu. O meu sonho fez amor com a terra e o jardim nasceu.

Não chamei paisagista. Paisagistas são especialistas em jardins bonitos. Mas não era isto que eu queria. Queria o jardim dos meus sonhos, aquele que existia dentro de mim como saudade. O que eu buscava não era a estética dos espaços de fora; era a poética dos espaços de dentro. Eu queria fazer ressuscitar o encanto de jardins passados, de felicidades perdidas, de alegrias já idas. Em busca do tempo perdido... Uma pessoa, comentando este meu jeito de ser, escreveu: "Coitado do Rubem! Ficou melancólico. Dele não mais se pode esperar coisa alguma...". Não entendeu. Pois melancolia é justamente o oposto: ficar chorando as alegrias perdidas, num luto permanente, sem a esperança de que elas possam ser de novo criadas. Aceitar como palavra final o veredicto da realidade, do terreno baldio, do deserto. Saudade é a dor que se sente quando se percebe a distância que existe entre o sonho e a realidade. Mais do que isto: é compreender que a felicidade só voltará quando a realidade for transformada pelo sonho, quando o sonho se transformar em realidade.

Sonho com um jardim. Todos sonham com um jardim. Em cada corpo, um Paraíso que espera... Nada me horroriza mais que os filmes de ficção científica onde a vida acontece em meio aos metais, à eletrônica, nas naves espaciais que navegam pelos espaços siderais vazios... E fico a me perguntar sobre a perturbação que levou aqueles homens a abandonar as florestas, as fontes, os campos, as praias, as montanhas... Com certeza um demônio qualquer fez com que se esquecessem dos sonhos fundamentais da humanidade. Com certeza seu mundo interior ficou também metálico, eletrônico, sideral e vazio... E com isto, a esperança do Paraíso se perdeu.

Este pequeno poema de Cecília Meireles me encanta, é o resumo de uma cosmologia, uma teologia condensada, a revelação do nosso lugar e do nosso destino:

No mistério do Sem-Fim,
equilibra-se um planeta.
E, no planeta, um jardim,
e, no jardim, um canteiro:
no canteiro, uma violeta,
e, sobre ela, o dia inteiro,
entre o planeta e o Sem-Fim,
a asa de uma borboleta.

A Empresa Jardineira

A filosofia das empresas passou por três fases. A primeira é representada pelo filme Tempos Modernos, de Chaplin – em que a única coisa que interessava às empresas era o lucro: nenhuma preocupação com a vida dos empregados, que eram tratados como engrenagens de uma máquina; nenhuma preocupação com o meio ambiente, que podia ser degradado impunemente. É a empresa "máquina".

A segunda fase está descrita no livro *The Organization-Man*, de Whyte Jr. – em que a empresa descobre a importância de que seus empregados se sintam bem dentro dela. Fazem-se todos os esforços no sentido de que eles tenham relações harmoniosas entre si e se identifiquem afetivamente com os interesses da empresa. A empresa deve ser o mundo do empregado e a imaginação do empregado deve estar restrita ao mundo da empresa. É a empresa "família", auto-suficiente e fechada em si mesma.

A terceira fase, que é a que estamos vivendo no momento, se caracteriza por uma revolução de valores. Se na primeira e na segunda fases a empresa olhava para o mundo exterior apenas como "mercado", isto é, lugar do lucro, agora ela olha para o mundo exterior como um espaço de vida de que é preciso cuidar. Às relações comerciais agrega-se agora uma dimensão ética: o cuidado com o meio ambiente, a cultura, a educação, o bem-estar, não só dos empregados mas de toda a comunidade que a cerca.

A empresa se descobre como companheira, junto com outros homens, de um espaço comum que deve ser objeto de cuidado, pois o que está em jogo é a qualidade de vida. É a empresa "cuidadora" ou, se quiserem, numa linguagem poética, empresa "jardineira"... Gosto da imagem da jardinagem como metáfora para essa relação de cuidado com o meio ambiente e com as relações entre as pessoas. Isso quer dizer que, ao lado do motivo financeiro "lucro", as empresas estão trabalhando sob motivos éticos.

Penso que os empresários, como "regentes de orquestra", poderiam pensar um programa educativo para os seus "músicos" em três movimentos:

Primeiro movimento:

"A empresa: lugar bom de se viver".

Segundo movimento:

"A empresa: lugar bom de se pensar...".

Terceiro movimento:

"A empresa: cuidadora do mundo".

A Mídia Jardineira

Na Escola da Ponte havia um computador com dois arquivos: "Acho Bem" e "Acho Mal". Qualquer pessoa podia escrever neles os acontecimentos que davam alegria e os acontecimentos que davam tristeza. Sugestão: que os jornais sejam divididos em duas seções. Uma de nome "Acho Bem", em cores alegres. Outra, de nome "Acho Mal", em cores sinistras. Assim, o leitor poderia escolher o seu menu: ou comidas de cheiro bom ou pratos em decomposição. Coisa que não entendo é a preferência do povo por notícias putrefatas. "Menino de onze anos trabalha como engraxate para sustentar a avó paralítica": isso jamais seria manchete. "Menino de onze anos mata a avó paralítica para roubar dinheiro": isso seria notícia que todos leriam avidamente.

Meu amigo Brandão, na época do escândalo dos "anões do orçamento", há muito esquecidos, se queixava: "Lendo os jornais a gente tem a impressão de que o Brasil é formado por bandidos. Mas há coisas lindas acontecendo de forma silenciosa e invisível, pessoas que vivem por ideais altos e lutam pela justiça e pela verdade..." Será que nós, humanos, sofremos de uma doença inata, um pecado original que nos faz preferir o pútrido, o escabroso, o indecente, o violento? Os homens da mídia vivem repetindo que o dever dos jornais e da televisão é dar a "notícia". Mas "notícias", há milhares delas espalhadas pelo mundo. O que me espanta é o critério que se usa para pinçar, das milhares que há, aquelas notícias que irão ser servidas aos leitores

> ***Jornais e televisão têm a missão ética de contribuir para que o povo seja melhor.***

como comida. É preciso reconhecer que os jornais e a televisão são os fatores mais importantes na educação do povo. Jornais e televisão têm a missão ética de contribuir para que o povo seja melhor. Se o povo só se alimentar de comidas pútridas ele passará a gostar do pútrido. E, ao final, ficará também pútrido.

"Delegacia de polícia": que imagens esse nome evoca em você? As delegacias nunca me foram lugares agradáveis, nunca me provocaram sentimentos de segurança. Imagine agora uma delegacia de polícia em que tudo está limpo, cuidado, novo... Os espaços são amplos e iluminados... Há jardins bem cuidados... Uma delegacia que é visitada pelas crianças... Pois deveria ser assim! Você sabe que o corpo, para ter saúde, depende de um sistema policial interno, mecanismos que identificam os inimigos invasores e lhes dão combate. A febre é o calor do combate entre polícia e os invasores do corpo. Assim, na ordem biológica, polícia e corpo são amigos. A polícia morre para que o corpo viva. O pus de uma ferida são os mortos em combate. É possível imaginar uma polícia que compreenda que sua missão é não somente combater os criminosos mas também, e principalmente, trabalhar junto à comunidade que a cerca – o corpo – para que ela se sinta confiante e colabore para que a saúde – condição para a vida – seja mais forte que a doença – começo da morte.

Pode ser que você não acredite, mas há em Campinas uma delegacia de polícia estranha: faz aquilo que normalmente os policiais fazem, isto é, combater o crime. Mas se organizou também para "cuidar" das vítimas. Para isso ela trabalha de forma multidisciplinar, com a cooperação de universidades, organizações de profissionais e órgãos públicos. Lá você vai encontrar psicólogos, assistentes sociais, advogados, policiais, vítimas, ligados pela filosofia do "Projeto Abraço". Já imaginou isso? Uma polícia abraçante? O que mais me surpreendeu na visita que fiz ao 5º DP foi ver que o delegado é um amante de música erudita e tem uma coleção invejável de CDs que ele e seus colaboradores ouvem enquanto trabalham.

Essa notícia sobre o 5º DP eu colocaria no meu "Acho Bem"...

Uma Sociedade Jardineira

O livro sagrado do Taoísmo, o Tao-Te-Ching, diz que estamos constantemente divididos: de um lado, a tentação de 10 mil coisas que demandam ação. Todas não essenciais. Do outro lado está uma única coisa: o essencial, raiz das 10 mil perturbações. Sabedoria é deixar o sufoco das 10 mil coisas não essenciais e focalizar os olhos na única coisa que é essencial.

Pergunto: estão enrolados pelas 10 mil coisas não essenciais que demandam ação ou já conseguiram focar os olhos no coração do bicho de onde nascem as 10 mil coisas?

Faz algum tempo escrevi um artigo com o título *Sobre Política e Jardinagem*. Gosto de jardins, gosto de jardinagem. Os jardins são o mais antigo sonho da humanidade. As Sagradas Escrituras contam que Deus se cansou dos seus infinitos espaços celestiais e começou a sonhar. Qual foi o seu sonho? Um jardim: paraíso. E achou o jardim tão melhor que o seu céu anterior que resolveu mudar de casa: passou a morar no jardim e gostava de caminhar por ele quando a brisa da tarde era fresca.

Uma das necessidades mais profundas do corpo é o "espaço". O corpo precisa do "seu" espaço. Por isso os lobos e os cães urinam em certos lugares. A urina é a cerca que usam para marcar o "seu" espaço. Os pássaros marcam o seu espaço cantando. Esse espaço é parte do corpo. Quando ele é invadido por um estranho o corpo estremece: ou com a fúria que leva à luta ou com o medo que faz fugir. Diferentemente dos lobos, cães e pássaros, não urinamos ou cantamos para marcar o nosso espaço. Criamos símbolos. Para os homens o símbolo que marca o seu espaço-corpo é o jardim. Quando esse espaço é destruído a vida social é destruída também.

"Paraíso" – jardim – é uma palavra que se deriva do grego *paradeisos* que, por sua vez, vem do antigo pérsico *pairidaeza*, que quer dizer "espaço fechado". Jardim é um espaço fechado. Por que fechado? Para ser protegido. Para que seja nosso. Fora dos muros que fecham o jardim está o espaço selvagem, ainda não moldado pelo desejo de vida e beleza que mora nos seres humanos. Política é a arte de criar esse espaço. Política é a arte da jardinagem aplicada ao espaço público. Deixando de lado as 10 mil coisas a serem feitas, digo que a missão das prefeitas e dos prefeitos é criar esse espaço necessário para que a vida e a con-vivência humana possam acontecer. Tudo o mais é acessório.

> ***A missão das prefeitas e dos prefeitos é criar o espaço necessário para que a vida e a convivência possam acontecer.***

Como se cria esse espaço? A resposta mais óbvia é: fazendo as 10 mil tarefas administrativas que a criação de um jardim exige. Perguntei, num dos meus artigos: O que vem primeiro? O jardim ou o jardineiro? É o jardineiro. O que é um jardineiro? É alguém que sonha com um jardim antes que o jardim exista. Um jardim, assim, não começa com 10 mil atos. Começa com um único sonho. O jardim começa na cabeça das pessoas. Começa com o pensamento. Se o povo não sonhar com jardins, os jardins não serão criados. E os que porventura existem logo se transformarão em lixo. Não há jardim que resista aos predadores. Predadores dos jardins são os seres humanos que não pensam jardins.

Digo, portanto, que a tarefa mais alta das prefeitas e prefeitos não são os 10 mil atos administrativos e as inaugurações que se lhes seguem. Sua missão mais importante é seduzir os habitantes das cidades a amar os jardins, a pensar jardins. Por favor, me entendam: uso a palavra jardim como metáfora para o espaço da cidade, que deve ser uma extensão do corpo das pessoas. Se as pessoas não sentirem que o espaço da cidade é uma extensão do seu corpo, então ele não será jardim, espaço protegido. Será o espaço selvagem de onde se deve fugir. E cada qual se esconderá atrás dos muros, atrás das grades, atrás dos cães, e viverão no espaço pequeno do seu medíocre apartamento, do seu medíocre condomínio, das suas medíocres mansões. E a cidade será um espaço morto, entregue à fúria dos carros e à violência das feras...

"Sonho que se sonha só é só um sonho. Sonho que se sonha junto é realidade." (Raul Seixas). É preciso que o espaço-jardim da cidade exista primeiro na cabeça das pessoas para então se tornar realidade. Isso é o essencial.

A solidão, o sentimento
de abandono e de não ser desejado
são a pior pobreza.

Madre Teresa de Calcutá

O que fazer, qual o lugar certo para mim? – ela se indagava, o tempo todo, enquanto tocava a vida e cuidava da família – família que aumentou quando recebeu em sua casa o filho de um primo querido, que era policial militar e morreu em ação. Ela gostava do que produzia como artista plástica, mas não se sentia encaixada, havia algo a ser transformado. Em uma peregrinação para encaminhar a educação do menino adolescente que agora morava com ela, por acaso deparou-se com um caminho novo, que a levou a um curso de Arte na Diversidade. O estágio final ela fez, como arte-educadora voluntária, na Associação de Pais e Amigos de Excepcionais, em Esteio, sua cidade. Foi um momento penoso. Aqueles alunos lhe causavam um desconforto difícil de explicar; de certa forma, temia-os. O preconceito que via na sociedade, teve de confrontá-lo em si mesma. E então algo libertador aconteceu: descobriu que "a arte mexe com eles, e eles querem mexer com os outros através da arte".

Se antes renegava a idéia de trabalhar com portadores de necessidades especiais, agora desejava fazê-lo. Tornou-se educadora no Colégio Coração de Maria, lidando com crianças com retardos mentais em diferentes graus, paralisia cerebral, autismo, síndrome de Down. "O trabalho voluntário no qual me envolvi na Apae, que começou meio empurrado, acabou revelando um rumo para mim, e agora não posso me imaginar em outro caminho", conta Tatiana Figueiredo, com a segurança de quem conquistou, afinal, uma identidade.

Mas se ela pensava que já tinha aprendido tudo, enganou-se. No processo de ajudar seus alunos a se expressarem, montando peças de teatro ou ensaiando números de dança, onde mantinha sempre em mente que seu objetivo não era torná-los um instrumento de sua proposta, mas de ser um instrumento do talento deles, um dia foi surpreendida com uma quase imposição. Um aluno acercou-se dela e declarou:

– Profe, acho que chegou a hora de ajudar os outros.

Queriam voluntariar. E foram, começando por um trabalho em asilos de idosos. E não pararam mais. Daí o motivo da aproximação de Tatiana com a Parceiros Voluntários: as crianças resolveram que queriam participar do programa Tribos nas Trilhas da Cidadania. *Queriam voluntariar como uma Tribo. Haviam optado por mudar de posição, "querem passar da condição daqueles que necessitam de assistência para a condição daqueles que são desejados". Haviam optado pela auto-inclusão.*

Essa aspiração pode ter evoluído a partir de experiências que também para eles foram difíceis. Certa vez foram fazer uma apresentação de dança em um jantar benemerente. Foram muito aplaudidos, e eles amam o aplauso, mas algo estranho havia se passado: muitas das pessoas presentes não tinham de fato assistido, "simplesmente não conseguiam levantar os olhos para vê-los". O jeito próprio daquelas crianças, tão diferente do que se expressa em um espetáculo convencional de dança, causava constrangimento a uma parte do público. A professora diz ter encontrado naquele momento a postura que tornaria seu trabalho reconhecido: "Eu precisava marcar que a liberdade de se expressar é que era o ponto vital".

Foi uma nova revelação: "A gente sempre espera ação do Estado, da sociedade, de modo vago. A culpa e a responsabilidade sempre são do outro. Ficamos vivendo esse clima de violência, essa desagregação, sempre esperando por um acontecimento externo que modifique as coisas. E aí de repente tu percebes que tu tens autonomia, que tu tens o poder de transformar o mundo". O núcleo de arte do Colégio Coração de Maria hoje se transformou em foco central no educandário, e a profe *nem por sonho deixaria de acompanhar seus alunos no novo processo pelo qual optaram, o de constituir uma Tribo.*

– Eu me construo neles – confessa Tatiana. – O tempo inteiro recebo deles muito mais do que sou capaz de dar. Eles evidenciam espontaneamente a solidariedade. A completa atenção aos outros. Conservam uma humanidade que nós perdemos. Eles são tudo o que eu queria ser na vida.

MARIA ELENA PEREIRA JOHANNPETER

Presidente Executiva (Voluntária)
da ONG Parceiros Voluntários.

Sites relacionados:
www.parceirosvoluntarios.org.br
Íntegra da Carta da Terra:
www.parceirosvoluntarios.org.br/componentes/textos/cartadaterra.asp
www.comitepaz.org.br/carta_da_terra.htm
www.earthcharterinaction.org

O VOLUNTARIADO COMO PROCESSO CRIATIVO DE FORMAÇÃO DE PESSOAS

CAPÍTULO XII

Entrevista com
MARIA ELENA PEREIRA JOHANNPETER

Como surgiu a idéia da criação da ONG Parceiros Voluntários?

MARIA ELENA – Eu sempre fui muito inquieta a respeito de me envolver com o outro, me envolver com o social, trabalhar para transformar realidades. Minha mãe tinha esse perfil. Eu me criei vendo uma mãe que efetivamente agia, e não apenas ouvindo o discurso de "temos que fazer isso ou aquilo". Isso é o que mais educa uma criança, o sentir e vivenciar os exemplos, as atitudes dos que estão a sua volta. Quando o discurso e a prática são idênticos, isso tem um efeito poderoso na formação da personalidade. A Parceiros Voluntários para mim nada mais é do que realmente vivenciar o que acredito ser a missão de minha vida.

Por que a opção por uma ONG?

MARIA ELENA – A designação ONG, organização não-governamental, foi criada pela ONU. Para muitos cientistas sociais, as ONGs são o fenômeno social mais interessante da segunda metade do século XX. O volume de informações disponibilizadas ao público levou a uma consciência cidadã que passou a mobilizar as pessoas de modo diferente. Preocupação social sempre houve, mas o cidadão agora quer participar como agente de mudança e não como agente compensatório. Quer buscar soluções para transformar realidades e não apenas fazer caridade ou doações. Quer interferir na realidade, e não se limitar a ser um espectador. O cidadão quer ser partícipe ativo. Aí está a definição atual de ONG: é uma parcela da sociedade civil organizada que administra recursos para, com o melhor custo-benefício, resolver ou tentar resolver uma parte do déficit social, agindo isoladamente ou em parcerias com a comunidade, empresas e com o governo. Esse é, exatamente, o espírito da Parceiros Voluntários.

Como foi a gênese dessa ONG, como surgiu a PV?

MARIA ELENA – Desde 1993 eu tinha desenhado em minha mente um projeto que eu chamei de "Fundação Criança". O espírito desse projeto era captar voluntários para atender crianças de zero a 6 anos. Passei três anos investigando muito, fiz várias viagens para conhecer realidades e organizações e, assim, poder adaptá-las à nossa realidade. Em janeiro de 1996, realmente comecei a trabalhar no projeto aqui em Porto Alegre, iniciando pelo levantamento da realidade das instituições que cuidavam de crianças. Nesse momento fui surpreendida pelo convite do presidente da Federasul *(Federação das Associações Comerciais do Rio Grande do Sul)*, Mauro Knijnik, para assumir o posto de diretora do Departamento de Desenvolvimento Social da entidade. O vice-presidente dessa área na Federasul era Humberto Ruga, que viria a tornar-se presidente do Conselho da ONG Parceiros Voluntários. Ao lá chegar, senti necessidade de ampliar o projeto original que eu tinha em mente. A idéia de atender apenas o público infantil, como pretendia o projeto da "Fundação Criança", evoluiu para um atendimento em bases de voluntariado das necessidades de todos os segmentos da nossa comunidade. Meio ano depois, em junho de 1996, deu-se partida ao projeto de criação da ONG Parceiros Voluntários, com a visão de desenvolver a cultura do trabalho voluntário organizado no Rio Grande do Sul. Finalmente, em janeiro de 1997, a presidência da Federasul autorizou-nos a transformar o seu Departamento de Desenvolvimento Social em uma ONG. Assim, há dez anos, a Parceiros Voluntários foi juridicamente criada, tendo como fundadores e mantenedores as Federações que compõem os quatro segmentos de nossa economia – Comércio, Indústria, Agricultura e Serviços – e mais dez empresas.

Ao constituir a base da PV, quais foram os aportes mais significativos que resultaram das viagens e pesquisas que havias realizado?

MARIA ELENA – Eu brinco sempre – e ao brincar muitas vezes se diz a verdade! – que a Parceiros Voluntários nasceu de uma "inveja construtiva". Ao visitar outros países, reforçou-se em mim a sentença que, hoje, é a crença fundamental da Parceiros: todo brasileiro é solidário por natureza e, portanto, um voluntário em potencial. Isso é o que eu chamo de minha inveja construtiva. Senti inveja ao ver em outros países a cidadania sendo exercida também por intermédio de um trabalho voluntário organizado. As pessoas procurando soluções aos problemas à sua volta. Interagindo com outros, em busca de soluções. Deixando para o governo as macropolíticas, como nas áreas da saúde, educação, segurança e outras.

Em seu referencial teórico, a PV foi especialmente influenciada pelo sociólogo Bernardo Toro, não é? Consta que a PV já foi inclusive uma espécie de "piloto" para concepções de Toro.

MARIA ELENA – Bernardo Toro, juntamente com Nísia Werneck, escreveram em novembro de 1995 o livro *Mobilização Social - Um Modo de Construir a Democracia e a Participação*. Quando eu li esse material fiquei muito empolgada, pois ele veio reforçar e colorir fortemente um pálido desenho que eu já tinha em mente. Quando fundamos a ONG, em janeiro de 1997, baseamo-nos no que ele disse: "A mobilização ocorre quando um grupo de pessoas, uma comunidade ou uma sociedade decide e age com um objetivo comum, buscando, cotidianamente, resultados decididos e desejados por todos. Mobilizar é convocar vontade para atuar na busca de um propósito comum, sob uma interpretação e um sentido também compartilhados". Nas Reuniões de Conscientização até hoje a Parceiros Voluntários enfatiza outro pensamento de Bernardo Toro: "Não se faz mobilização social com heroísmo. As mudanças são construídas no cotidiano por pessoas comuns, que se dispõem a atuar coletivamente, visando alcançar propósitos compartilhados".

Quando Bernardo Toro esteve no Brasil visitando a Parceiros Voluntários, em 2003, ficou estampada em seu rosto a surpresa, mas especialmente a alegria, ao perceber que o seu livro, que era fundamentalmente teórico, tinha se transformado em uma prática com tantos resultados, num estado como o Rio Grande do Sul. Na ocasião, Toro nos orientava enfaticamente a escrever esta história, este *case*, com os resultados comprobatórios. Todavia, até hoje, dez anos depois da criação da Parceiros Voluntários, não nos foi possível viabilizar sua sugestão. Em nosso dia-a-dia de organização focada em mobilização social, não temos encontrado condições de deixar essa atividade em segundo plano, ainda que momentaneamente, para dedicar-nos a escrever, a registrar a história da Parceiros Voluntários. As necessidades da comunidade clamam por ações e respostas imediatas. Como a trajetória da Parceiros Voluntários está guardada nas mentes de todos que por ela passaram, talvez algum dia, no futuro, possamos elaborar um livro detalhado a respeito.

A mobilização social depende fortemente do voluntariado, mas as definições sobre o que é ser um voluntário parecem variar. Para a ONG Parceiros Voluntários, o que é "ser voluntário"?

MARIA ELENA – Se eu tivesse que definir o que é o trabalho voluntário organizado, eu diria que voluntariar significa um grande exercício de despertar valores em nosso semelhante, para que ele se descubra como um ser transformador, e, ao mesmo tempo, disseminar os conceitos de sobreviver, conviver, produzir e dar sentido para a vida. É a busca de soluções tendo o outro como foco. É colocar no teu projeto de vida o projeto de vida do outro. É querer ser feliz, por intermédio da felicidade do outro. É praticar uma série de ações, em que o ser humano disponibiliza a sua emoção, o seu tempo e o seu talento, realizando da forma mais plena possível o principal fundamento da dimensão da solidariedade: "ser-com-o-outro", "ser-em-comum" e "ser-para-o-outro". É na prática da solidariedade que o ser humano se autocria, aperfeiçoando-se e humanizando-se constantemente.

O cidadão agora quer participar como agente de mudança e não como agente compensatório.

Como o brasileiro cultiva a noção de ser solidário, e como acreditamos que este conceito que ele tem de si mesmo é verdadeiro, a solidariedade é a nossa base, mas temos de ir além. Temos que pensar soluções e implementar a solução pensada. Temos que pensar e agir. Se ficarmos somente no pensar, ou se ficarmos no agir somente quando a mídia nos pressiona para participar de campanhas arrecadatórias, estaremos nos privando de sentir a real felicidade que existe no interagir com o outro.

Ou seja, pode-se achar até uma "motivação egoísta", por assim dizer, na prática do voluntariado. Mas sabe-se que o estímulo de organismos internacionais como a ONU, em anos recentes, reforçou a busca pelo envolvimento com a ação voluntária a favor de causas coletivas.

MARIA ELENA – De fato. Em novembro de 1997, a ONU decidiu que 2001 seria o Ano Internacional dos Voluntários. Não só como oportunidade para homenagear os milhões de voluntários já então atuantes em todo o mundo, aqueles que disponibilizam seu tempo à causa, como para chamar a atenção das pessoas para a necessidade de serem solidárias e dedicarem algum tempo servindo à sua comunidade. A idéia era encorajar e valorizar o voluntariado, convocando a população mundial a procurar o que fazer, onde fazer e como fazer para tornar a vida no planeta melhor para todos. O intuito da ONU era que todas as pessoas praticassem a sua cidadania também pelo viés da responsabilidade social. Nada menos que 123 países e milhares de ONGs se manifestaram, apoiando a ONU, e em todo o mundo foram organizados comitês. O Brasil também teve o seu Comitê, com sede em São Paulo. Isto gerou grande cobertura na mídia e teve como conseqüência um *boom* nas causas de interesse público, com muitas pessoas até então desmobilizadas voltando-se para o voluntariado.

A PV é tida como uma organização inovadora, no sentido de que já se constituiu dentro de um novo paradigma, buscando o modelo de rede, e por adotar uma metodologia muito precisa para propagar o desenvolvimento da cultura do voluntariado. De que modo ela se estruturou?

MARIA ELENA – A Parceiros foi pensada em cinco programas, com o intuito de dar cobertura a todos os segmentos. Dentro de cada um desses programas desenvolvem-se várias ações. Assim, temos o Voluntário Pessoa Física (VPF), o Voluntário Pessoa Jurídica (VPJ) e o Parceiros

Jovens Voluntários (PJV) –, que tem a grande ação que é Tribos nas Trilhas da Cidadania. E ainda o OSCs - Programa de Desenvolvimento das Organizações da Sociedade Civil, que envolve cursos de liderança, gestão com qualidade e trabalho em rede. Nosso quinto programa, a Rede Parceiros Voluntários, surgiu da necessidade de levarmos adiante a experiência de Porto Alegre. Hoje, 74 municípios do nosso Estado replicam a metodologia Parceiros Voluntários. Em todos estes programas, como já mencionei, desenvolve-se um conjunto de ações que visam fortalecer, melhorar ou inovar cada programa como um todo.

Como a Parceiros tem a sua gestão por Processos, cada vez que um programa toma uma amplitude maior, que forçaria uma demanda por mais recursos disponíveis – recursos humanos, materiais e financeiros, e que sempre são escassos –, repensa-se o processo. Isto é, repensa-se qual melhoria e/ou inovação podem ser introduzidas para que o programa se enquadre nos recursos de que se dispõe. Creio ser esta a maior ferramenta do Terceiro Setor: a criatividade.

A designação Terceiro Setor hoje abarca um universo muito amplo de entidades, com objetivos muito diversos, inclusive. Como a ONG Parceiros Voluntários conceituaria o Terceiro Setor?

MARIA ELENA – Pode-se dizer, simplificando, que tudo o que não for governo (Primeiro Setor) e não for empresa (Segundo Setor) será Terceiro Setor. O Terceiro Setor é constituído por organizações privadas sem fins lucrativos que geram bens, serviços públicos e privados. Todas elas têm como objetivo o desenvolvimento político, econômico, social, ambiental e cultural no meio em que atuam. Exemplos de organizações do Terceiro Setor são as organizações não-governamentais (ONGs), as associações, fundações, clubes associativos, entidades de ensino, hospitais e por aí afora.

Esse Terceiro Setor é rico em expressões para designar quem o compõe. Encontramos as expressões: organizações do Terceiro Setor, organizações sociais, organizações da sociedade civil, organizações da sociedade civil de interesse público, instituições sociais, ou somente organizações. O importante é entender que o fundamento que rege o Terceiro Setor é: o privado porém público. Isto é, iniciativas privadas, mas cujo interesse final é beneficiar o público, a comunidade.

Se usarmos a expressão ao contrário – o público, porém privado, teremos essa figura maldita que se chama corrupção.

O Programa Voluntário Pessoa Jurídica (VPJ) e o Programa para Organizações da Sociedade Civil são operados como? Eles se vinculam de algum modo?

MARIA ELENA – Para as OSCs estruturamos vários cursos para desenvolvimento de lideranças e capacitação gerencial, e mantemos também um Curso de Capacitação para Coordenadores de Voluntários. E temos como foco constante o estímulo para que as OSCs adotem a formação de Rede, que interajam como Rede. Creio ser este o maior ganho para a OSC, pois é na Rede que a organização vai encontrar seus interlocutores e movimentar uma série de ações, desde repasse de coisas materiais até repasse de conhecimento e experiências. Redes estruturadas permitem um coletivo ao pensar projetos, encaminhá-los e implantá-los em parceria. É um apoio mútuo. É o velho e sempre atual "a união faz a força".

> ***Voluntariar significa um grande exercício de despertar valores em nosso semelhante.***

Esses dois programas – VPJ e OSC – se interligam, uma vez que solicitamos às empresas que repassem às OSCs aquilo que a empresa tem de mais precioso, que são seus recursos humanos e seus conhecimentos. Pedimos que as empresas, por intermédio de seus funcionários, capacitem em métodos de gestão instituições como creches e asilos. O conhecimento gerencial, desse modo, revela-se uma ferramenta muito importante para transformar uma realidade. Para as empresas, por outro lado, a PV ministra cursos para formação de comitês internos para o voluntariado.

Nosso foco nas empresas baseia-se na "versão atual" do pensamento de Milton Friedman, que foi reescrita pelo professor James Austin, da Universidade de Harvard: "O negócio dos negócios é criar valor social além do econômico.

Porque o valor econômico nem sempre cria valor social, mas o valor social sempre cria valor econômico, numa espiral virtuosa". Para compreender e aplicar este pensamento, é necessário criar outra dimensão de valores, de visão sistêmica e de mapas mentais. A Parceiros Voluntários acredita que as empresas já estão percebendo que cuidar do econômico, a administração ambiental e a responsabilidade social são as chaves para o aumento da produtividade e da criatividade. Está claro que nos próximos anos as empresas terão de mudar sua atenção, para satisfazer não apenas suas necessidades físicas mas também suas necessidades emocionais, mentais e espirituais. As pessoas desejarão trabalhar em empresas para onde possam levar seus mais elevados valores, que lhes dêem oportunidade de fazer uma diferença positiva no mundo e que as encorajem a tornarem-se tudo que puderem ser. Quando as pessoas consideram seu trabalho significativo, alcançam seus mais profundos níveis de intuição e criatividade. Isso é bom para elas e é bom para a empresa.

Nesses dez anos em que a Parceiros Voluntários passou a atuar no Rio Grande do Sul, o que mudou? Como avalias o movimento do voluntariado hoje?

MARIA ELENA – Creio que uma de nossas maiores contribuições, se não a maior, foi alterar o modo de se pensar o voluntariado. A Parceiros Voluntários recusou a visão mecanicista, em que tudo é compartimentado e, de certa forma, estático, difícil de alterar, e adotou uma visão ecológica, no sentido de que nos inspiramos no mundo que é vivo, sistêmico – e espiritual! Adotar esse conceito de funcionamento orgânico tem implicações e traz resultados que surpreendem a nós mesmos, dentro da PV. Na realidade, esse modelo aplicado às organizações é algo novo e, na minha avaliação, representa uma experiência que deveria ser acompanhada com muito maior interesse, especialmente pelo mundo acadêmico. Saiu-se de uma visão linear para uma visão circular. Como aponta Fritjof Capra, tudo é interligado nessa teia da vida.

Por visão estratégica, a expansão da Rede Parceiros Voluntários se dá por intermédio de unidades instaladas junto a associações comerciais, industriais, agrícolas ou de serviços. Já estamos nas 74 maiores cidades do Rio Grande do Sul, as quais detêm 60% da população do nosso Estado. Estas cidades formam uma Rede forte, orientada por um calendário de atividades muito intenso, onde se programam encontros municipais, regionais e estaduais, para termos assim reforço de metodologia e de conceitos. Isto é muito importante: nós nos atemos a um conceitual filosófico, o qual orienta nossa ação, mas a nossa prática é maleável, plástica, está sempre melhorando, incorporando os aprendizados novos que a própria Rede apresenta ou sugere.

Temos hoje cadastrados, neste final de 2007, diretamente na Parceiros, 243 mil voluntários, exercendo suas atividades semanais em OSCs ou projetos sociais abertos da comunidade. Estão conosco em torno de 1.900 escolas, cujos alunos praticam ações voluntárias; e cerca de 1.950

empresas sensibilizadas. O que isto significa, em termos de mudança da realidade, está muito claro para todos os que teceram e tecem a Rede, mas este é outro tema que, certamente, está a demandar mais atenção dos setores de pesquisa das universidades: o que esta articulação do Terceiro Setor representará no futuro, no que diz respeito a um enfoque comportamental, sociológico, antropológico e econômico?

Lidar com jovens atualmente é visto por muitos como tarefa bem espinhosa. Como vocês os mobilizam?

MARIA ELENA – A Parceiros criou a ação Tribos nas Trilhas da Cidadania atendendo a solicitações dos próprios jovens. As Tribos mobilizam hoje 93 mil crianças e jovens entre 5 a 18 anos. Ao longo de todo ano, estes jovens desenvolvem ações em suas regiões, ações escolhidas por eles mesmos, buscando atender a três "trilhas": Educação para a Paz, Meio Ambiente e Cultura.

Trabalhar com crianças e jovens sempre proporciona momentos especialmente emocionantes, que nos trazem a confirmação de que eles têm uma vontade profunda de participar. Este trabalho também nos ofereceu a oportunidade de romper com conceitos patriarcais arraigados que, ao definirem os jovens como "cidadãos do futuro", tendem a mantê-los infantilizados, no mau sentido. As crianças e os jovens não são o futuro do nosso país, eles são o presente, eles são capazes aqui e agora! Nosso Livro das Tribos retrata um pouco dessa história.

Essa visão inovadora em relação a modelos vigentes deve afetar o modo como a Parceiros gerencia todo o seu desenvolvimento organizacional...

MARIA ELENA – A Parceiros tem o forte entendimento de que o Terceiro Setor deve se profissionalizar. Deve buscar no Segundo Setor (nas empresas) as melhores práticas de gestão. O Terceiro Setor não pode nunca perder o seu idealismo, esta crença que foi muito bem expressa por Peter Drucker: "O resultado do Terceiro Setor é um ser humano melhor". Todavia, o Terceiro Setor tem por obrigação somar ao seu idealismo um profissionalismo.

Por isso, a Parceiros Voluntários tem o seu Planejamento Estratégico, que é visitado anualmente, porém revisado a cada três anos. A Parceiros apóia-se no Programa de Qualidade, analisando constantemente a eficiência, a eficácia e a efetividade de seus processos. Também utiliza a ferramenta do BSC *(Balanced Scorecard)*. Assim, suas metas estratégicas são monitoradas por um sistema de indicadores, tanto quantitativos como qualitativos, tangíveis e intangíveis, e toda sua equipe sabe aonde quer e deve chegar nos próximos dez anos. Ou seja, nós nos servimos de ferramentas gerenciais disponíveis e que já demonstraram sua pertinência e utilidade.

Pessoalmente, acredito que quanto mais inovadores mais necessitamos de ferramentas que nos permitam acompanhar as metas, para atingir os resultados. É importante, para as organizações que executam projetos sociais, estarem muito atentas para se reinventarem. Esse reinventar significa ouvir as necessidades da comunidade e usar de criatividade ao buscar maneiras de atender a estas necessidades, e sem fugir de seu foco, da razão pela qual existem. A boa gestão, a institucionalização, não mata uma organização, o que a mata é a falta de visão para a inovação, para esta reinvenção.

E quanto às pessoas? No momento em que a corrupção se torna visível e em que recrudesce um estímulo ao individualismo, que atrativo o trabalho voluntário teria a oferecer a elas?

MARIA ELENA – Em 1914, Rui Barbosa, em um de seus discursos, disse: "De tanto ver triunfar as nulidades, de tanto ver prosperar a desonra, de tanto ver crescer a injustiça, de tanto ver agigantarem-se os poderes nas mãos dos maus, o homem chega a desanimar da virtude, a rir-se da honra, chega a ter vergonha de ser honesto". Eu ouço, seguidamente, comentários que questionam: por que devo me preocupar com os outros e investir no social se eu já pago meus impostos? Por que me dizem que devo ser solidário, pensar no outro, se a lei de levar vantagem em tudo é quase que regra geral? Por que devo ser honesto e pensar em dividir o pouco, se o muito é dividido entre corruptos? Por que devo ser voluntário, fazer um trabalho não remunerado, se com essa minha atitude tão pequena eu não consigo mudar o mundo? Eu não respondo aos questionadores, pois cada um de nós deve fazer a sua própria reflexão. Todavia, nesses dez anos, percebemos que o trabalho voluntário favorece a auto-estima, a aceitação, a alegria, e desenvolve valores éticos. Estimula a convivência, cria novos relacionamentos, lidera um processo de criatividade ao buscar soluções. Ao conviver, passa-se a perceber o sentimento do outro, a saber conviver dentro de realidades diferentes da sua própria. O trabalho voluntário desenvolve o respeito por tudo e por todos. Desenvolve a generosidade, que diz respeito a você dar, a ceder. Ensina a compartilhar, a pensar no outro. Passa-se a ter pouca tolerância com a corrupção, com a violência, com tudo aquilo que destrói os princípios e valores de uma sociedade. A palavra "ética" realmente passa a ter um forte significado, pois estamos falando de um princípio maior, que é a Ética com a Vida. Estamos falando no fortalecimento do Capital Social do nosso país, estamos falando em nosso Compromisso Humano.

> ***O conhecimento gerencial é uma ferramenta importante para transformar uma realidade.***

É de nossa responsabilidade deixarmos um legado positivo – e isto não se refere apenas às coisas materiais, e sim, a ensinamentos, estratégias, visões. Deixar um legado está intimamente ligado à missão, à parte espiritual que todos nós temos e devemos cultivar. Nós precisamos sentir que fazemos diferença desenvolvendo trabalho voluntário, servindo aos outros, contribuindo, aprendendo e compartilhando idéias e instruindo indivíduos.

É importante que o voluntário se perceba como um agente transformador de uma realidade. O sociólogo Bernardo Toro diz que "toda ordem social é criada por nós. O agir ou não agir de cada um é que consolida e/ou transforma essa ordem social". São, pois, esses debates sobre conceitos, responsabilidades e comprometimentos que nos possibilitam uma ação proativa a favor da organização da sociedade civil, do sentimento de amor ao próximo e da construção de um ser humano holístico. Por isso, reforço que é de responsabilidade nossa acendermos, ou reacendermos, a chama da luta pela liberdade da criação, do empreender, da liderança. Só assim estaremos praticando a essência divina que está dentro de nós. A alma humana pede pelo crescimento, pede pela expansão.

E temos, sim, responsabilidades: enquanto cidadãos, com nosso País; enquanto humanos, pelo nosso Planeta; e, também, enquanto seres cósmicos, com o Universo, para onde retornaremos um dia e não queremos, com certeza, retornar de mãos vazias. Nosso dia-a-dia, como sujeitos ativos, deve ser pautado por uma atitude consciente para o amor, desenvolvimento e, conseqüentemente, para a construção da Paz. A Paz também se chama desenvolvimento.

Creio que as seguintes palavras, de autor desconhecido, expressam com clareza o que desejo marcar:

A inteligência sem amor te faz perverso.

A justiça sem amor te faz implacável.

A diplomacia sem amor te faz hipócrita.

O êxito sem amor te faz arrogante.

A riqueza sem amor te faz avaro.

A docilidade sem amor te faz servil.

A pobreza sem amor te faz orgulhoso.

A beleza sem amor te faz ridículo.

A autoridade sem amor te faz tirano.

O trabalho sem amor te faz escravo.

A simplicidade sem amor te deprecia.

A oração sem amor te faz introvertido.

A lei sem amor te escraviza.

A política sem amor te deixa egoísta.

A fé sem amor te deixa fanático.

A cruz sem amor se converte em tortura.

A vida sem amor... não tem sentido...

CARTA DA TERRA
O Desafio Definitivo para a Humanidade

Eu não poderia encerrar a minha participação neste livro sem fazer o registro desse importante documento, para todos nós que habitamos esse planeta chamado Terra. Creio ser esta uma modesta contribuição da ONG Parceiros Voluntários para a divulgação dessa Carta, mas atitude voluntária tem tudo a ver com nos responsabilizarmos pelo nosso Planeta.

Com cada um de nós fazendo a nossa pequena parte, atingiremos um número maior de consciências. E nos momentos de desânimo devemos nos perguntar: o que é uma tempestade se não a soma de milhões e milhões de pingos de água?

A Carta da Terra é o equivalente à Declaração Universal dos Direitos Humanos, apropriados para os tempos atuais. É um documento baseado na afirmação de princípios éticos e valores fundamentais que nortearão pessoas, nações, estados, raças e culturas, no que se refere ao desenvolvimento sustentável com equidade.

A idéia de uma Carta da Terra foi colocada na Conferência Rio-92, para ser um documento universal de intenções da humanidade na direção de criar e disseminar os princípios fundamentais para o desenvolvimento sustentável, mas ficou como tema não concluído. O projeto foi retomado em 1997, pela criação de uma comissão com centenas de entidades do mundo todo, de diferentes regiões, culturas e setores da sociedade. Finalmente, ao ser lançada de forma oficial, em 26 de junho de 2000, na Holanda, a Carta da Terra estabeleceu uma base ética sólida para a colaboração de todos na construção de um mundo sustentável.

A íntegra deste documento é encontrada no site da ONU, mas eu gostaria de reproduzir aqui o que diz o seu preâmbulo:

"Estamos diante de um momento crítico na história da Terra, numa época em que a humanidade deve escolher o seu futuro. À medida que o mundo torna-se cada vez mais interdependente e frágil, o futuro reserva, ao mesmo tempo, grande perigo e grande esperança. Para seguir adiante, devemos reconhecer que, no meio de uma magnífica diversidade de culturas e formas de vida, somos uma família humana e uma comunidade terrestre com um destino comum. Devemos nos juntar para gerar uma sociedade sustentável global fundada no respeito pela natureza, nos direitos humanos universais, na justiça econômica e numa cultura da paz. Para chegar a este propósito, é imperativo que nós, os povos da Terra, declaremos nossa responsabilidade uns para com os outros, com a grande comunidade de vida e com as futuras gerações."

Em outra parte, a Carta fala em responsabilidade universal, e diz:

"Para realizar estas aspirações, devemos decidir viver com um sentido de responsabilidade universal, identificando-nos com a comunidade terrestre como um todo, bem como com nossas comunidades locais. Somos, ao mesmo tempo, cidadãos de nações diferentes e de um mundo no qual as dimensões local e global estão ligadas. Cada um compartilha responsabilidade pelo presente e pelo futuro bem-estar da família humana e de todo o mundo dos seres vivos. O espírito de solidariedade humana e de parentesco com toda a vida é fortalecido quando vivemos com reverência o mistério da existência, com gratidão pelo dom da vida e com humildade em relação ao lugar que o ser humano ocupa na natureza.

"Necessitamos com urgência de uma visão compartilhada de valores básicos para proporcionar um fundamento ético à comunidade mundial emergente. Portanto, juntos na esperança, afirmamos os seguintes princípios, interdependentes, visando a um modo de vida sustentável como padrão comum, através dos quais a conduta de todos os indivíduos, organizações, empresas, governos e instituições transnacionais será dirigida e avaliada."

Os Princípios:

I – RESPEITAR E CUIDAR DA COMUNIDADE DE VIDA

1 – Respeitar a Terra e a vida em toda sua diversidade.

2 – Cuidar da comunidade da vida com compreensão, compaixão e amor.

3 – Construir sociedades democráticas que sejam justas, participativas, sustentáveis e pacíficas.

4 – Assegurar a generosidade e a beleza da Terra para as atuais e as futuras gerações.

II – INTEGRIDADE ECOLÓGICA

5 – Proteger e restaurar a integridade dos sistemas ecológicos da Terra, com especial atenção à diversidade biológica e aos processos naturais que sustentam a vida.

6 – Prevenir o dano ao ambiente como o melhor método de proteção ambiental e, quando o conhecimento for limitado, assumir uma postura de precaução.

7 – Adotar padrões de produção, consumo e reprodução que protejam as capacidades regenerativas da Terra, os direitos humanos e o bem-estar comunitário.

8 – Avançar o estudo da sustentabilidade ecológica e promover o intercâmbio aberto e a aplicação ampla do conhecimento adquirido.

III – JUSTIÇA SOCIAL E ECONOMIA

9 – Erradicar a pobreza como um imperativo ético, social e ambiental.

10 – Garantir que as atividades e instituições econômicas em todos os níveis promovam o desenvolvimento humano de forma equitativa e sustentável.

11 – Afirmar a igualdade e a eqüidade dos sexos como pré-requisitos para o desenvolvimento sustentável e assegurar o acesso universal à educação, à assistência de saúde e às oportunidades econômicas.

12 – Defender, sem discriminação, os direitos de todas as pessoas a um ambiente natural e social capaz de assegurar a dignidade humana, a saúde corporal e o bem-estar espiritual, com especial atenção aos direitos dos povos indígenas e minorias.

IV – DEMOCRACIA, NÃO-VIOLÊNCIA E PAZ

13 – Fortalecer as instituições democráticas em todos os níveis e prover transparência e responsabilização no exercício do governo, participação inclusiva na tomada de decisões e acesso à Justiça.

14 – Integrar, na educação formal e na aprendizagem ao longo da vida, os conhecimentos, valores e habilidades necessários para um modo de vida sustentável.

15 – Tratar todos os seres vivos com respeito e consideração.

16 – Promover uma cultura de tolerância, não-violência e paz."

Ao lermos o texto completo da Carta da Terra, é difícil não nos emocionarmos, e ao mesmo tempo não nos amedrontarmos, ao percebermos que toda a responsabilidade sobre o futuro dos nossos filhos, netos e bisnetos está em nossas mãos. Podemos *contribuir*, ou podemos *destruir* esse futuro. Podemos passar-lhes uma *tradição* ou podemos pregar-lhes uma *traição*.

Quero, por isso, finalizar com as mesmas palavras que finalizam a Carta da Terra:

Que o nosso tempo seja lembrado
pelo despertar de uma nova reverência
face à vida, pelo compromisso firme
de alcançar a sustentabilidade,
a intensificação dos esforços
pela justiça e pela paz e a alegre
celebração da vida.